かんたん! とびだす!

わくわく ポップアップ

きむらゆういち・みやもとえつよし／著

チャイルド本社

はじめに

本を開くと、立体的な動物や家や乗り物がパッととび出すポップアップ絵本は、見るものをあっと驚かせます。

　でも、実際に作るとなると、寸法を測ったり角度を計算したりとなかなか難しそうです。

　やってみたいと思うけどどうもそういうのが苦手、という人にも簡単に作れるのが、この本で紹介するポップアップなのです。

　やり方さえ分かれば、子どもたちにだって簡単に作れます。

　さらにこの方法は工夫次第でどんどんイメージを広げ、壮大なスケールのポップアップを自分の手で作ることだって夢ではありません。

それも寸法を測ったり、角度の計算など一切する必要がないのです。

なぜなら空き箱はもうすでに正方形や長方形になっているし、封筒だって折るだけでもう形になっています。

それでポップアップの原理の部分を作ってしまえば、あとは空き箱を少し切り、絵を描くだけでいいのです。

さらにこの本にはポップアップ基礎編として一枚の紙で作る簡単ポップアップの作り方が最初に載っています。

これも合わせて皆さんの自由な発想で、自分のポップアップの世界を作ってみて下さい。

きむらゆういち

もくじ

紙で作る

切り込みを入れて作るポップアップ

箱型に立ち上がるシンプルカード

口がパクパク歌うカード

貼りつけて作るポップアップ

ハの字に貼る起き上がりカード

Vの字に貼る起き上がりカード

もくじ

腕が広がる折り込み型カード

じゃばらが開くとび出しカード

封筒を使ったとび出すカード

箱で作る

貼りつけて作るポップアップ

重ね貼りで作る立体カード

ハの字に貼るとび出しカード

立てて作るポップアップ

箱が現れるカード❶

もくじ

箱が現れるカード❷

細くのびる箱型カード

斜めに貼る箱型カード

作ってみよう！ いろいろ組み合わせたポップアップ

作ってみよう！ みんなで作るポップアップ

作ってみよう！ 大型ポップアップ絵本

ポップアップ工作のポイント

ポップアップには3つのパターンがあります

90度開くもの……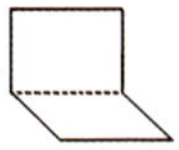

180度開くもの……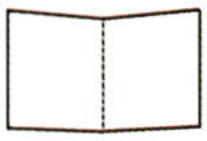

変型90度のもの……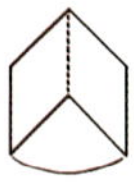

カード を折りたたんだとき、中の作品がはみ出さないように

平面のカードを開くと立体の工作物がパッととび出すから面白いのです。開く前からその工作物がはみ出していたら台無しです。はみ出していないかどうか、一度テープで仮留めしてチェックしてからのりづけしましょう。

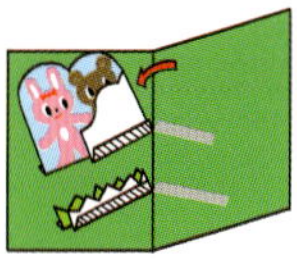

カードを開いたとき、きれいな左右対称になるように

工作物を斜めに貼るとき、左右同じ角度になるように紙を貼るのは大変難しいので、まず片側だけ貼って、もう片側ののりしろにのりをつけ、カードを閉じます。こうすると自然に左右対称に貼ることができます。

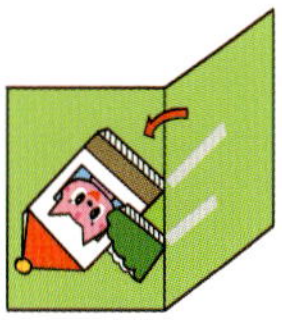

カードにのりづけしたら、動かさないように固定

のりが乾くまでの間、カードを閉じてその上から輪ゴムで留めておくとよいでしょう。クリップで挟んでおいたり、重いものを載せておくのもよいですが、のりが別の場所についてしまわないよう、気をつけましょう。

ポップアップシアター

とくべつな ひ

ねずみくんは、うさぎちゃんから手紙をもらいました。
そこに書かれていたのは…。
ポップアップのしかけを使った舞台で演じる、
お誕生会にもぴったりの楽しいお話です。

このシアターで使う舞台

＊絵本の土台→作り方は 72 ページ

表紙

うさぎちゃんとたぬきくんの家

＊動物たちの家→
作り方は 34 ページ

くまさんとねずみくんの家

＊鳥→作り方は
29 ページ

ねずみくんの家

＊ねずみくんの家→
作り方は 34 ページ

このシアターで使う絵人形

ねずみくん

表　　裏

うさぎちゃん

絵人形の作り方

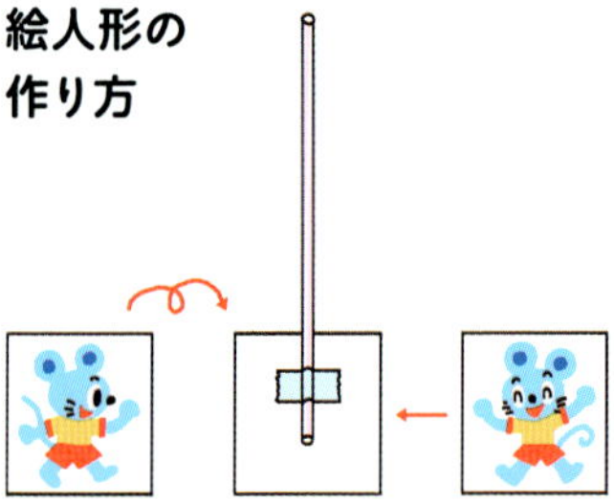

表用の絵を描き、裏面にストローを貼る。裏用の絵を描き、裏面に貼る。形に合わせて切る。

1 表紙

＊舞台の表紙を見せます。

ナレーター

ねずみくんは、うさぎちゃんからお手紙をもらいました。
手紙には、「きょうは　とくべつな　ひ　だから
いっしょに　あそびましょ」と書かれていました。

ねずみくん

「よし！　じゃあ、うさぎちゃんちに行ってみよう！」

＊表紙をめくって、舞台を広げます。

2 うさぎちゃんとたぬきくんの家

＊ねずみくんを、うさぎちゃんの家の前に出します。

ナレーター

ねずみくんがさっそくうさぎちゃんの家に行くと、なにやらドアに張り紙がしてありました。
「きょうは、とくべつな　ひ　だから
たぬきさんの　いえに　います」

ねずみくん

「なんだ、うさぎちゃん、たぬきくんちにいるのか」

3

ナレーター

ねずみくんが、たぬきくんの家に向かうと…。

＊ねずみくんをたぬきくんの家の前に動かします。

ナレーター

なにやらドアに張り紙がしてありました。

「きょうは、とくべつな　ひ　だから　くまさんの

いえに　います」

ねずみくん

「なんだ、うさぎちゃんもたぬきくんも、くまさんの家に

いるのか。じゃあ、くまさんちに行ってみよっと」

ナレーター　ねずみくんは、くまさんの家に行きました。

＊舞台のページをめくって、ねずみくんを出します。

4

くまさんの家

ナレーター

ねずみくんがくまさんの家に行くと、

ここにも張り紙がしてありました。

「ねずみくんの　いえに　います」

ねずみくん

「えっ！？　ぼくのうち！？」

ナレーター

ねずみくんは、急いで自分の家に戻りました。

＊舞台のページをめくります。

5 ねずみくんの家

＊うさぎちゃんを出します。ねずみくんを、
ドアから入ってきたように出します。

ナレーター

ねずみくんが急いで自分の家に入ると…。

うさぎちゃん　たぬきくん　くまさん

「ねずみくん、お誕生日おめでとう！」

ナレーター

そう、きょうはねずみくんの誕生日だったのです。
＊ねずみくんを反転させて裏を出します。

ねずみくん

「わー、みんな、どうもありがとう！」

うさぎちゃん

「みんなでねずみくんにケーキを作ったのよ！
さあ、どうぞ」

ナレーター

さあ、楽しいお誕生会のはじまりです。

おしまい

紙で作る

切り込みを入れて作るポップアップ

箱型に立ち上がるシンプルカード

とってもシンプルなポップアップ。
かわいくデコレーションして、素敵なカードに！

ショートケーキのバースデーカード

大小の切り込みを入れただけで、かわいいいちごのショートケーキのできあがり。

カードを開くと
おいしそうな
ケーキが！

えんそくおしらせカード

大きめに切ったバスを貼ると走っている感じに！

正面にバスを
貼りつけるだけ！

空き箱で
アレンジ

おひなさまカード

紙に切り込みを入れるかわりに、空き箱を貼りつけて簡単アレンジ！

貼りつけた箱が
ひな壇に！

紙で作る

切り込みを入れて作るポップアップ

口がパクパク歌うカード

横に切り込みを入れるだけで簡単にできあがるカード。
カードを開いたり閉じたりして楽しんで。

口が開いたり
閉じたりして
歌っているみたい！

かえるの招待カード

横に一本切り込みを入れるだけ。
かわいいかえるさんのできあがり。

金魚パクパクカード

横の切り込みを２本に増やして２匹の金魚に！

2匹の金魚が
口をパクパク

パク
パク

パク
パク

切り方で
アレンジ

口に大きく
切り込みを
入れてわにに

口がガバー！ 動物カード

切り方を変えることで、楽しい動物カードができます。

口を丸く切って
ゆかいなかばに

作り方

箱型シンプルカード

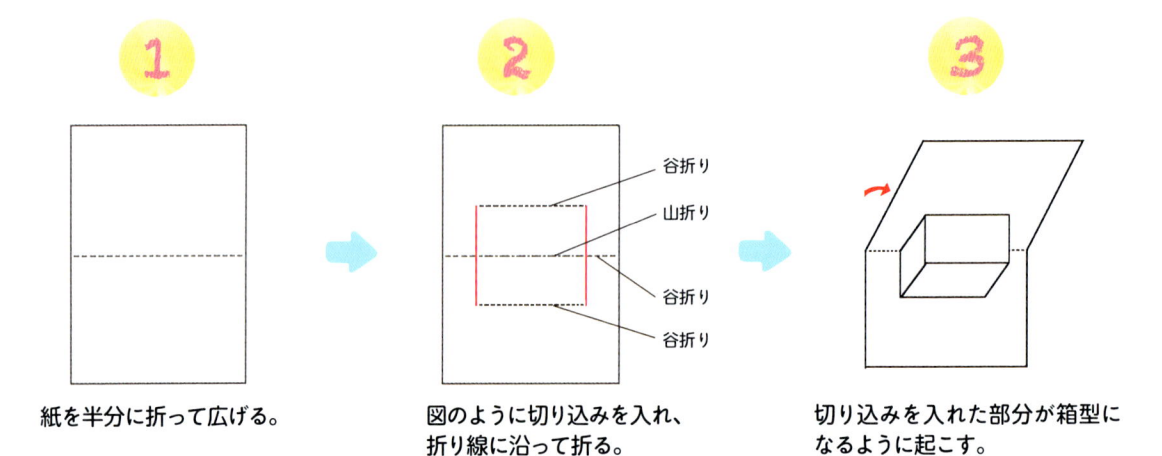

1

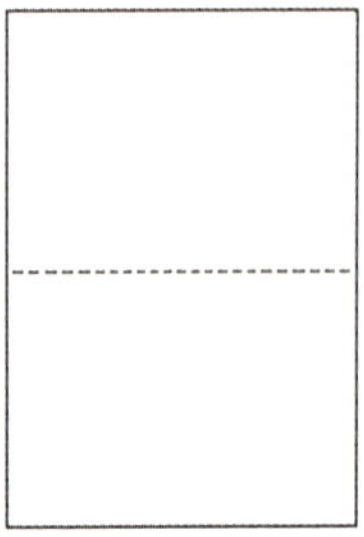

紙を半分に折って広げる。

2

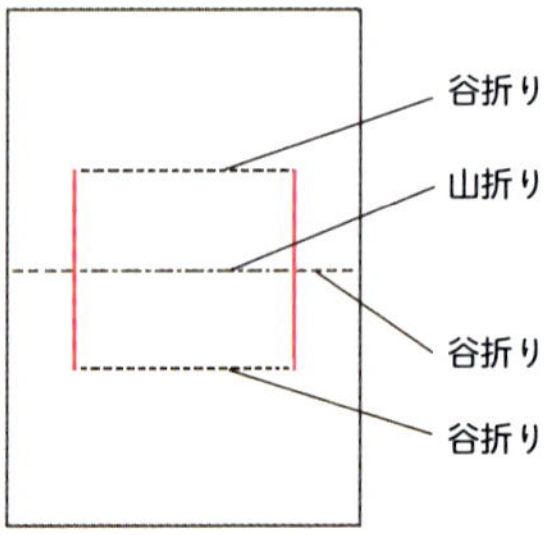

図のように切り込みを入れ、
折り線に沿って折る。

3

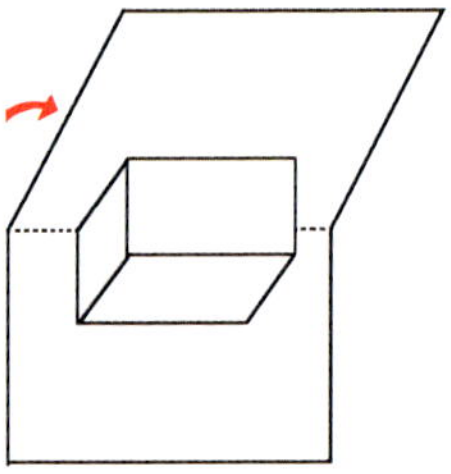

切り込みを入れた部分が箱型に
なるように起こす。

ショートケーキの バースデーカード

切り込みを２つ入れ、裏側に少
し大きめの台紙を貼り、ケーキの
飾りつけをする。

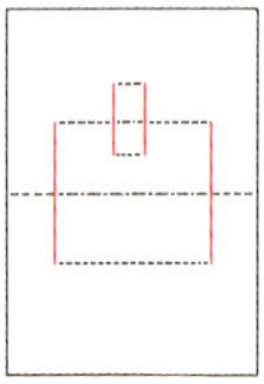

1

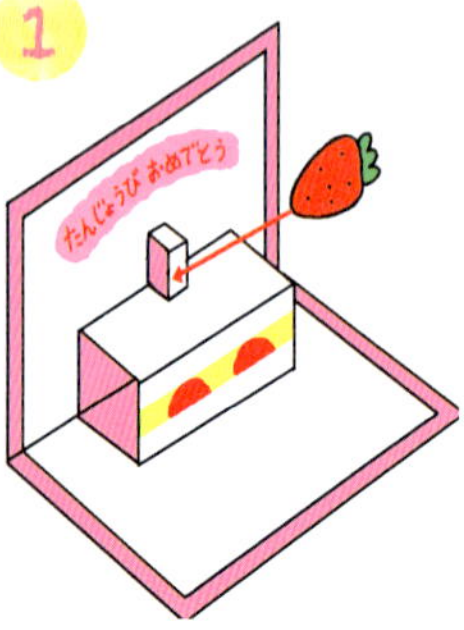

2

えんそくおしらせカード

1

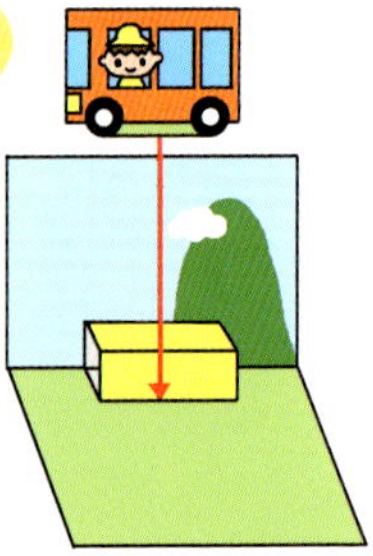

2

切り込みの正面にバスを貼りつける。

空き箱で
アレンジ

おひなさまカード

紙を半分に折り、
中央に箱を垂直に
貼りつける。

作り方

口がパクパク型カード

1

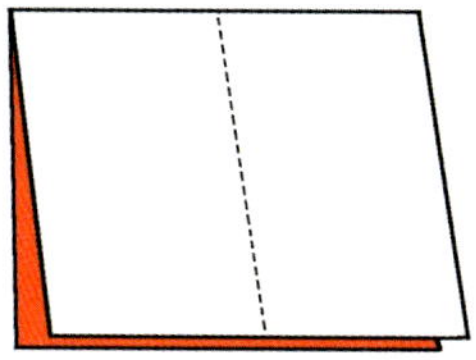

紙を半分に折り、さらに半分に折る。裏側に色を塗る。

2

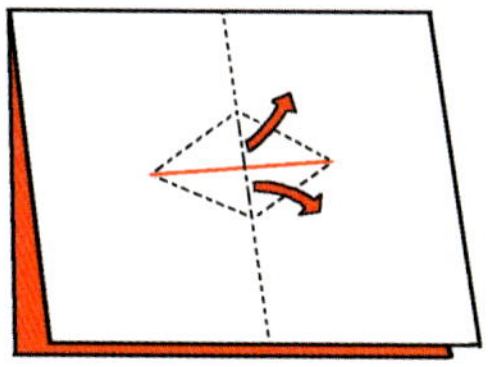

図のように切り込みを入れ、折り線に沿って折る。

3

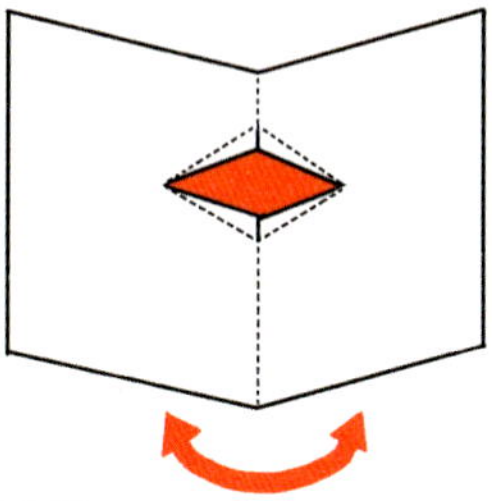

紙を閉じたり開いたりすると、口がパクパク動く。

かえるの招待カード

紙に絵を描き、半分に折った内側に色を塗る。図のように切り込みを入れ、折り線で折る。

1

2

紙を閉じたり開いたりすると、口がパクパク動く。

金魚パクパクカード

切り込みを2か所に入れ、金魚の絵を描く。

切り方アレンジ

口がガバー！ 動物カード

1

図のような形に切り込みを入れて絵を描く。

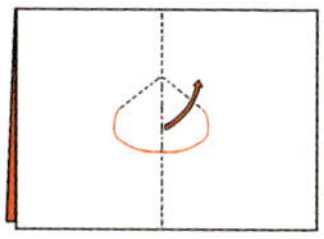

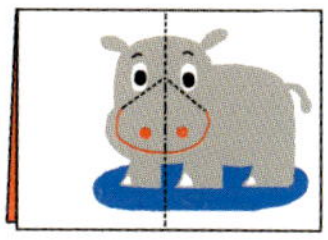

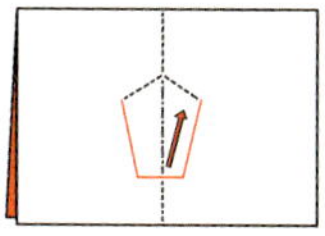

2

絵を閉じたり開いたりすると、口がガバーと開く。

貼りつけて作るポップアップ

ハの字に貼る起き上がりカード

絵をハの字に貼って作るポップアップ。
作り方は簡単なのでいろいろな絵柄を楽しんで。

野原を描いてピクニックの場面を演出！

ハの字に貼るのがポイント

野原でピクニックカード

野原と動物を描いて、ハの字に貼れば完成！

バスでGO！カード

遠近感を出して、奥行きのあるポップアップに！

カラフルな町とバスで女の子もワクワク！

ハの字でアレンジ

カードを開くと
ぞうさんの鼻が
上下に動く！

鼻がパオーン ぞうさんカード

ぞうの鼻がぐいーんと動くカードです。

かもめが
ゆらゆらとぶよ

パタパタかもめカード

ハの字を離して貼るポップアップ。
宙に浮いているように見えるのがポイント。

貼りつけて作るポップアップ

Vの字に貼る起き上がりカード

絵をVの字に貼って作るポップアップ。
縦長、横長OKなので、いろいろな場面で大活躍しそう。

ご招待カードにピッタリ！

Vの字に貼るのがポイント

すてきなおうちカード

カードを開くとねこさんの家が、ようこそ、ととび出すよ。

手をつないだ仲良しさんがかわいい！

森へおさんぽカード

明るい色を使った絵柄アレンジ。道の幅で遠近感を出すのがポイント。

Vの字でアレンジ

首がのびーるきりんカード

細く切ったきりんの首で迫力あるカードに。紙の大きさに合わせて首の長さを調節して。

作り方

ハの字型カード

1

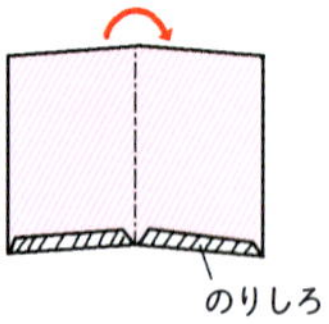

紙を半分に折り、切り込みを入れてのりしろを折る。

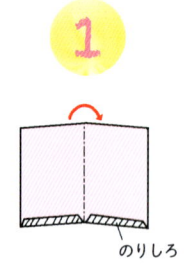

2

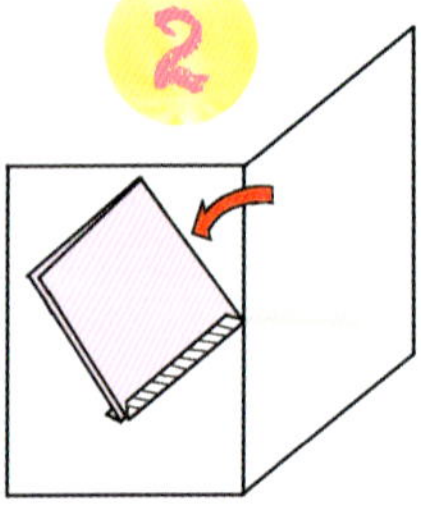

台紙からはみ出さないように、片側を斜めに貼り、もう片側にものりをつけて、台紙をたたむ。

3

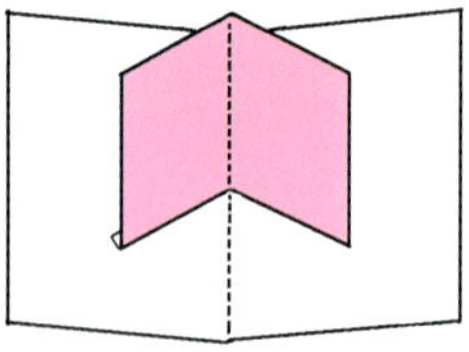

乾かして、広げると起き上がる。

野原でピクニックカード

1

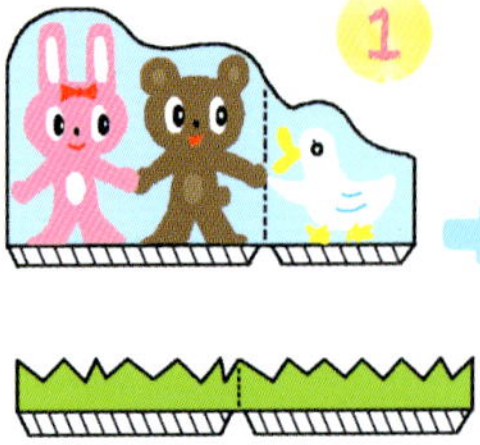

動物と草を描いて切る。

2

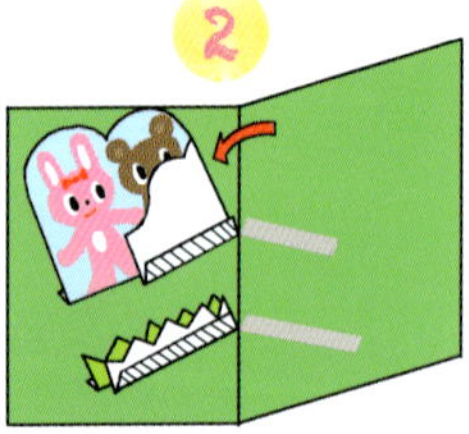

①を折り線で折り、台紙の片側に貼り、のりをつけてたたむ。

3

広げると起き上がる。

バスでGO！カード

町とバスの絵を描いて貼る。

ハの字でアレンジ

鼻がパオーンぞうさんカード

1

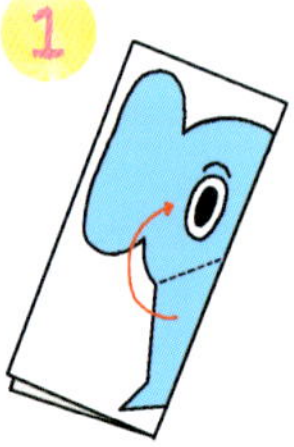

紙にぞうの絵を描いて切り、鼻に斜めに折り線をつける。

2

胴体を貼った台紙に、図のように耳を貼る。

3

広げると鼻が動く。

パタパタかもめカード

1

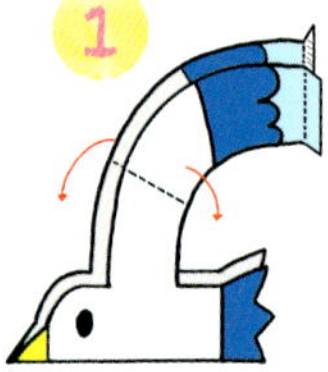

紙にかもめの絵を描いて切り、羽を折る。

2

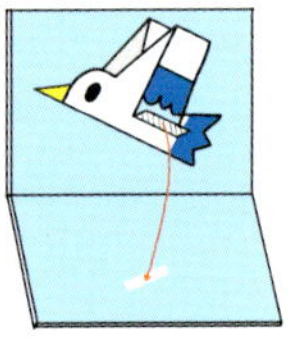

3

かもめの左右の羽の先を、台紙にハの字に貼る。

作り方

Vの字型カード

1

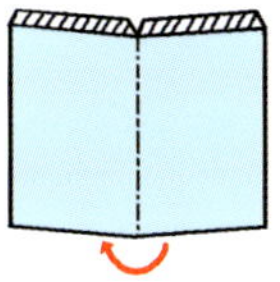

紙を半分に折り、三角に切り込みを入れてのりしろに折り目をつける。

2

台紙からはみ出さないように、片側を斜めに貼り、もう片側にものりをつけて、台紙をたたむ。

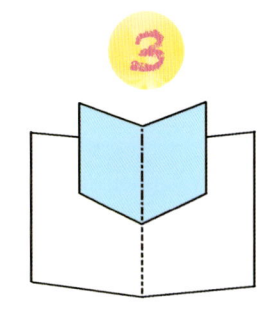

3

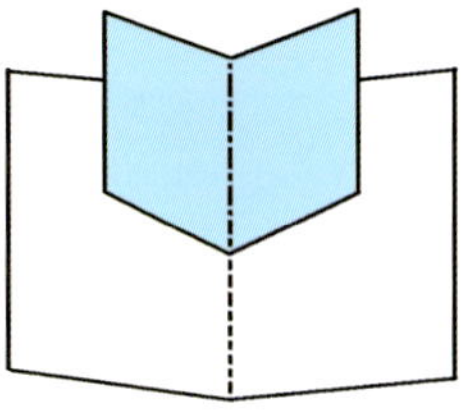

乾かして、広げると起き上がる。

すてきなおうちカード

1

家とねこ、草を描いて切る。

2

①を折り線で折り、台紙の片側に貼り、のりをつけてたたむ。

3

広げると起き上がる。

森へおさんぽカード

森と動物を描いて貼る。

Vの字でアレンジ

首がのびーるきりんカード

1

紙にきりんの首と頭を描いて折り線をつける。

2

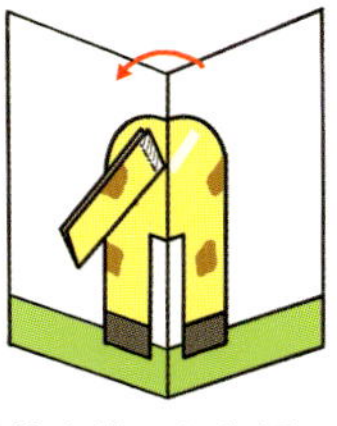

胴体を描いた台紙に、図のように首をV字に貼る。

3

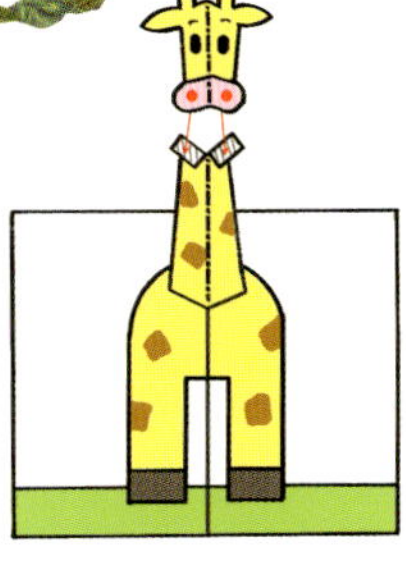

頭を貼ってできあがり。

紙で作る

貼りつけて作るポップアップ

腕が広がる折り込み型カード

折り込んだ腕がパッと広がる楽しいカード！

メリークリスマス！
プレゼントを
はいどうぞ！

だれかいるよ！
だれかな？

あっ！
サンタさんだ

サンタクロースのクリスマスカード

カードを開くとサンタさんからのプレゼント。
クリスマスカードにぴったり！

貼りつけて作るポップアップ

じゃばらが開く とび出しカード

じゃばらを貼ったポップアップ。
開くと円を描いて広がってかわいい！

雨の日が
楽しくなるね！

広がるじゃばら傘カード

じゃばらをのぞくと、本当の傘をさしているみたい！

貼りつけて作るポップアップ

封筒を使った とび出すカード

封筒を切って作った、ちょっと変わったポップアップ。

本当に飛んでいるみたい！

パタパタ

はばたけ鳥さんカード

カードを開いたり閉じたりすると、
鳥がフワフワ浮いて、飛んでいる感じに！

町にガオー！怪獣カード

大きめの封筒を切って、口もギザギザに切ると、迫力満点！

迫力ある
怪獣がカードから
とび出す！

作り方 折り込み型カード

1 図のように厚紙を切り、折り線をつける。

2 台紙に折った厚紙を乗せ、中央の部分だけ貼る。

3 乾かして、開くと横に広がる。

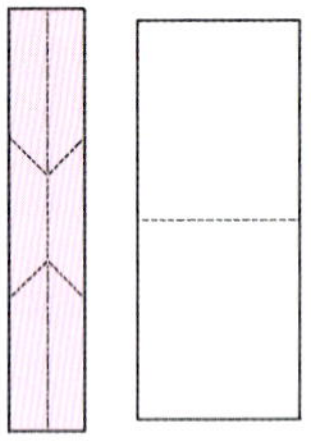

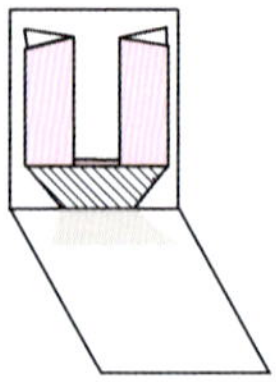

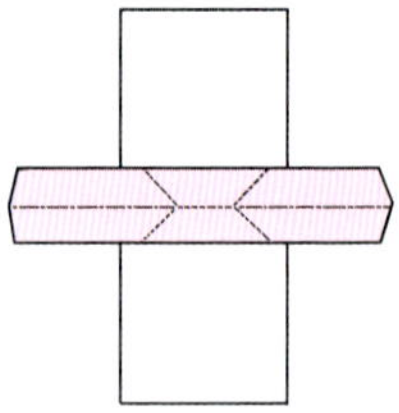

サンタクロースのクリスマスカード

1 厚紙に腕と手を描き、切って折り線をつける。

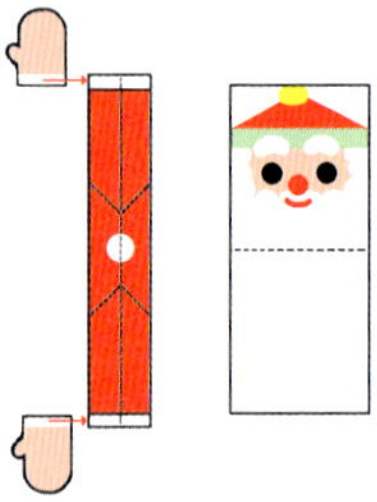

2 腕をたたんで中央の部分だけ貼る。

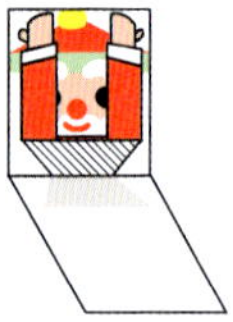

3 開いてプレゼントと文字を描く。

作り方 じゃばら型カード

1 折り紙をじゃばらに折る。

2 じゃばらの両端を厚紙に貼る。

3 広げる。

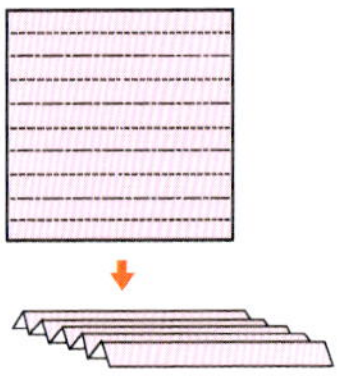

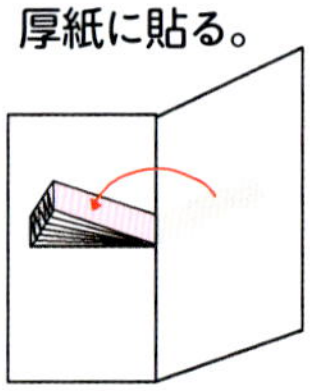

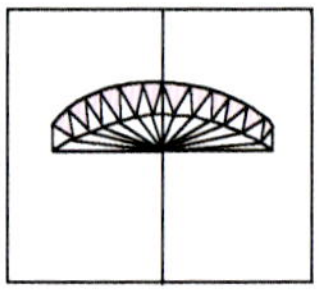

広がるじゃばら傘カード

1 折り紙を2枚、じゃばらに折る。

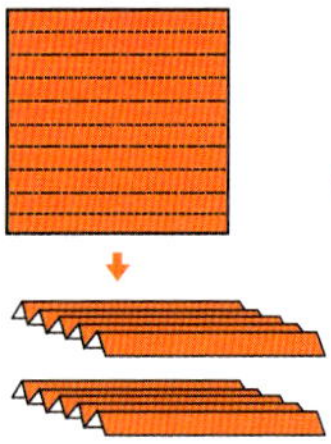

2 じゃばらを厚紙に貼る。図のように片方ずつ貼ったあと、貼り合わせる。

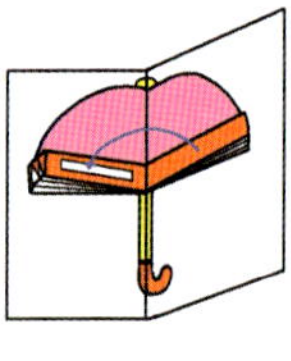

3 雨やかえるを描く。

作り方

封筒を使ったカード

1. 封筒に形を描いて切る。
2. 首を図のように折り、反対側にも折って折り目をつける。
3. 下半分を谷折りにして広げる。

はばたけ鳥さんカード

1. 封筒に鳥の絵を描いて切り、折り目をつける。
2. 広げて鳥の形にし、左右の羽の先を台紙に貼る。

町にガオー！ 怪獣カード

1. 封筒に怪獣の絵を描いて切り、折り目をつける。
2. 広げて怪獣の形にし、左右の手の先を町を描いた台紙に貼る。

貼りつけて作るポップアップ

重ね貼りで作る立体カード

箱を組み合わせて貼るだけでより立体的なカードに！

かわいい
動物たちが
立体的に
立ち上がる！

チュー吉ニャン太のハローカード

家とチュー吉、木とニャン太を
それぞれ少しずらして貼り、背景も見せて。

わたしのおうちカード

箱を大小組み合わせれば家の中も立体的に。

かわいい
おうちが
ジオラマふうに！

貼りつけて作るポップアップ

ハの字に貼る
とび出しカード

箱を開いてハの字に貼って作るポップアップ。カードを開くと
不思議、箱が立ち上がる！

ライオンの
顔がにゅっと
出てくる！

迫力満点
ライオンカード

カードを開くと首が立ち上がり、
迫力あるライオンが登場！

とび出すおばけカード

細長い箱を使うと、
おばけがぐーんと迫ってくるよ！

おばけが
とび出して
びっくり！

作り方 重ね貼りで作る立体カード

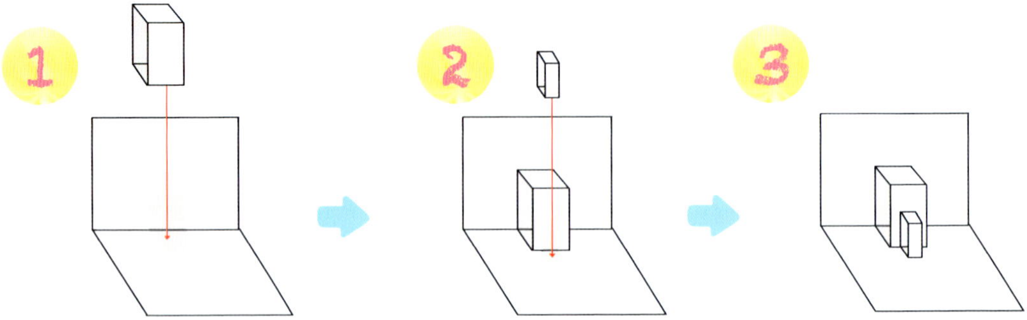

箱を輪切りにして、
図のように台紙に貼る。

輪切りにした小さめの箱を、
①で貼った箱の手前に貼る。

チュー吉ニャン太のハローカード

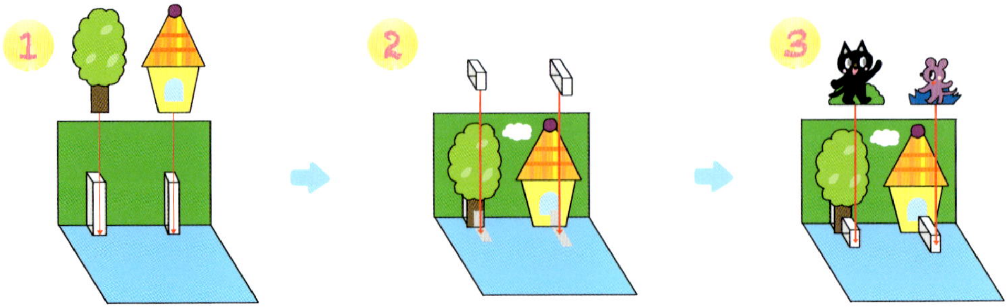

図のように台紙に箱を２つ貼り、それぞれ木と家を貼る。

木と家の手前に、小さな箱をそれぞれ貼る。

ニャン太とチュー吉を貼る。

わたしのおうちカード

台紙を半分に折り、図のように屋根とドアを描く。

台紙を開き窓などを描く。冷蔵庫とシンクを描いた箱を貼り、さらに小さな箱でいすを作る。女の子を貼る。

料理の載ったテーブルを貼る。

作り方 ハの字に貼るとび出しカード

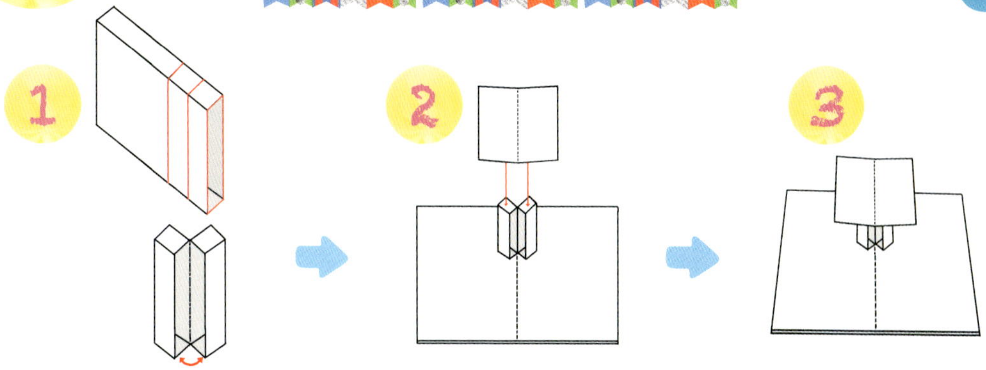

箱の側面を切り、
図のように切って開く。

①の箱をハの字に開くように
台紙に貼り、上に紙を貼る。

迫力満点ライオンカード

胴体などを描いた台紙に、
ライオンの首と顔を貼る。

開くと首が持ち上がる。

とび出すおばけカード

背景を描いた台紙に、
箱とおばけを貼る。

開くとおばけがとび出す。

立てて作るポップアップ

箱が現れるカード①

箱の正面が引っこんでたためるカード。
上部は三角に組み立てて屋根に。

箱を貼るだけでおうちに！

かわいいおうちカード

箱型のおうちが立ち上がるカード。
離れもつけてだれのおうちかな？

森の中のおうちカード

牛乳パックを使って教会ふうのすてきなおうちに。

大きな家も
パタンと
たためる

カードを開くと
さわやかな森の世界が
広がるよ

箱で作る

立てて作るポップアップ

箱が現れるカード②

箱の正面が出っぱるポップアップ。
車や電車など、乗り物にぴったり！

車でドライブカード

小さな箱でも大きな箱でも
作れるポップアップ。
台紙の大きさに合わせてチョイスして。

かわいい
車に乗って
くまさんが楽しく
おでかけ！

ぶっぶー

後ろも
出っぱって
いるよ

GO GO 電車カード

トンネルも作ってジオラマふうに。

電車が
トンネルから
出てきたみたい！

ガタン
ゴトン

作り方

箱が現れるカード❶

1

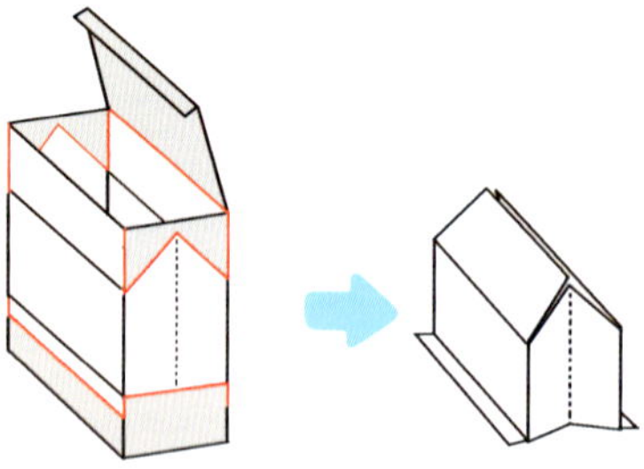

図のように箱を切り、
組み立てる。

2

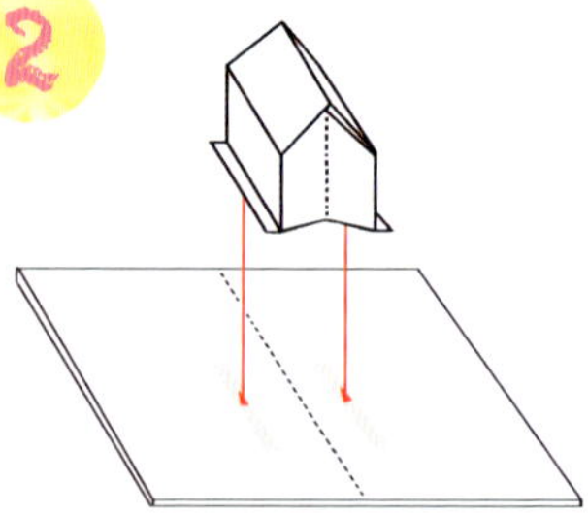

台紙に貼る。

かわいいおうちカード

1

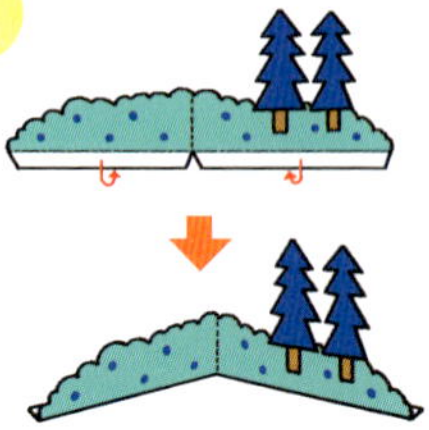

背景を作り、ハの字型に折る。

2

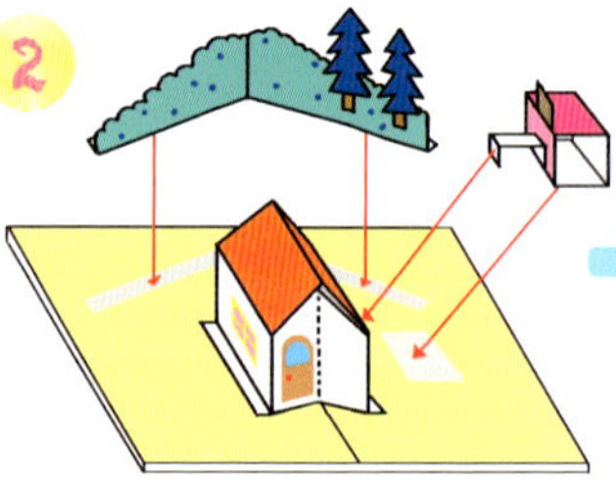

3

家を台紙に貼り、窓やドアを描いて貼る。
図のように離れをつけ、背景を飾る。

森の中のおうちカード

1

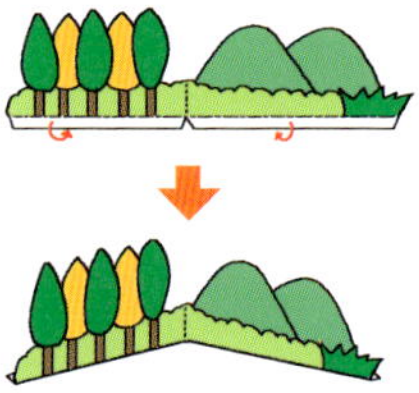

背景を作り、ハの字型に折る。

2

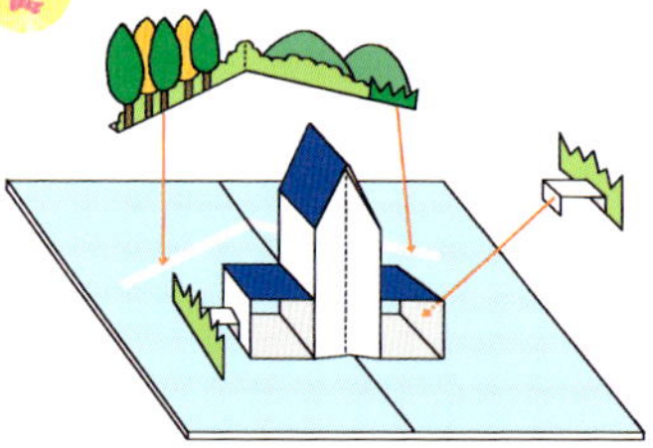

3

牛乳パックで家を作り、窓を描く。
家の両側にも箱を２つつけ、背景や草を飾る。

作り方

箱が現れるカード②

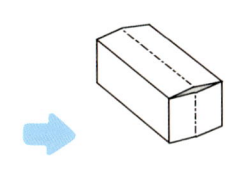

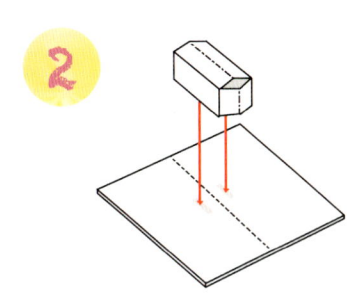

1

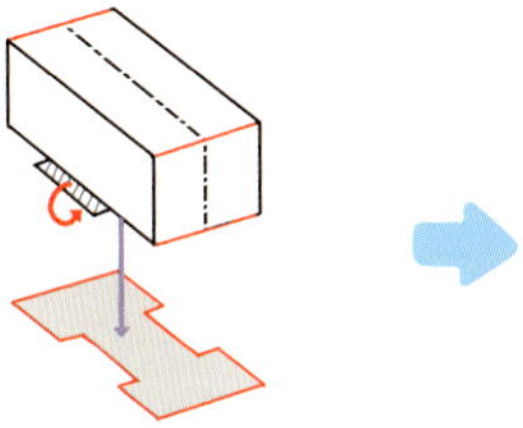

図のように箱を切り、底を切り落とす。
前部、後部、上部を山折りする。

2

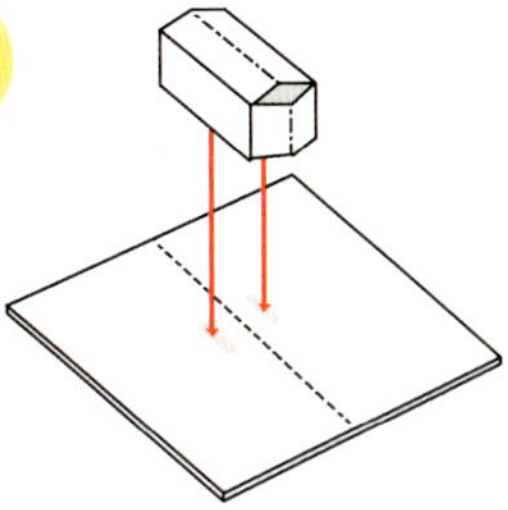

台紙に貼る。

車でドライブカード

1

箱の上部を図のように切り抜き、
車の絵を描く。

2

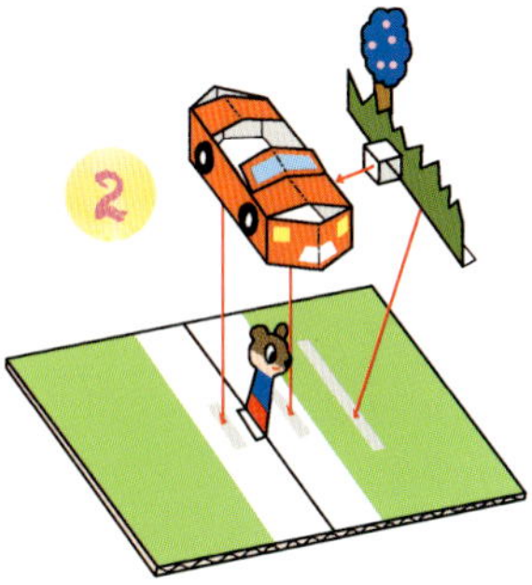

3

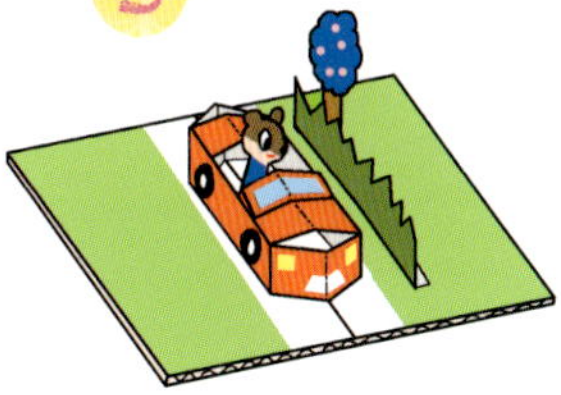

台紙に貼り、草や木を飾る。

GO GO 電車カード

1

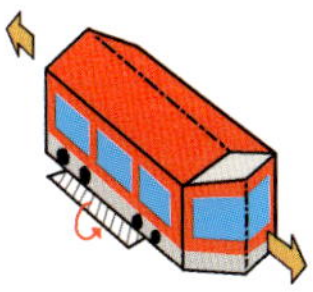

箱を作り、電車の絵を描く。

2

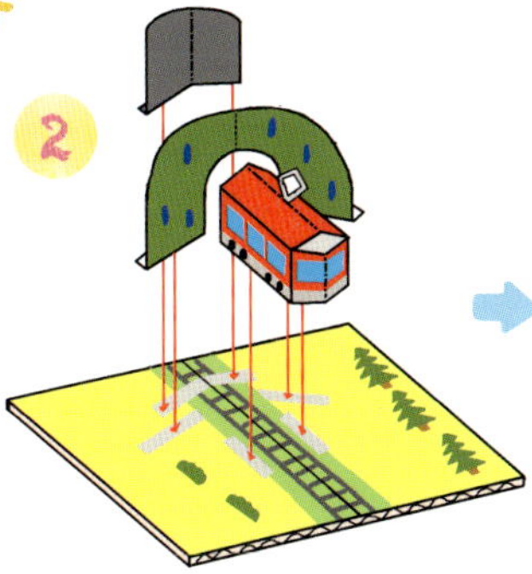

3

線路や草を描いた台紙に、
電車とトンネルを貼る。

箱で作る

立てて作るポップアップ

細くのびる箱型カード

開くと上にのびていく、変わったポップアップ。

にょきにょき
背が高くなるよ！

ぐんぐんのびる高層ビルカード

糸を使うのがポイント。糸がつっぱることで高層ビルが上へのびていく！

立てて作るポップアップ

斜めに貼る箱型カード

正方形の箱を使ったポップアップ。
ハの字に貼るのがポイント。

背景のおにや
動物たちが楽しい
おとぎ話を演出

ももたろうカード

正方形の箱を曲線にカット。
ももに見立てたかわいいポップアップ。

作り方

細くのびる箱型カード

1

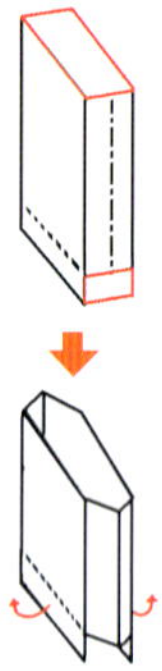

箱を図のように切り、
組み立てる。

2

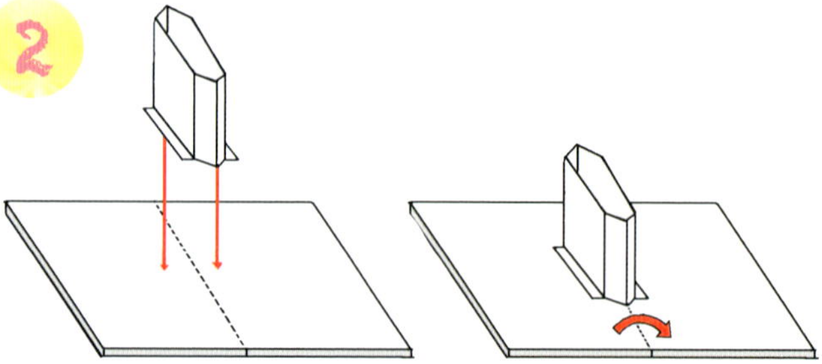

台紙に貼る。

ぐんぐんのびる高層ビルカード

1

基本の作り方と同様の箱を大・中・小作り、ビルの絵柄を描く。中・小の２つはのりしろは不要。糸を通すところはあらかじめ穴をあけておく。

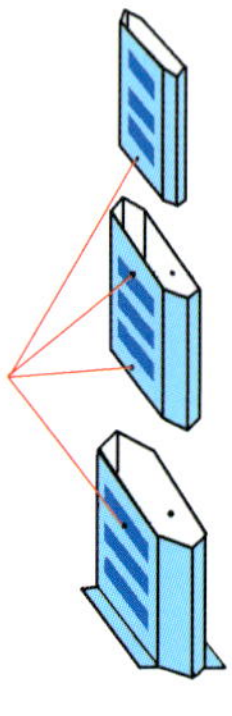

2

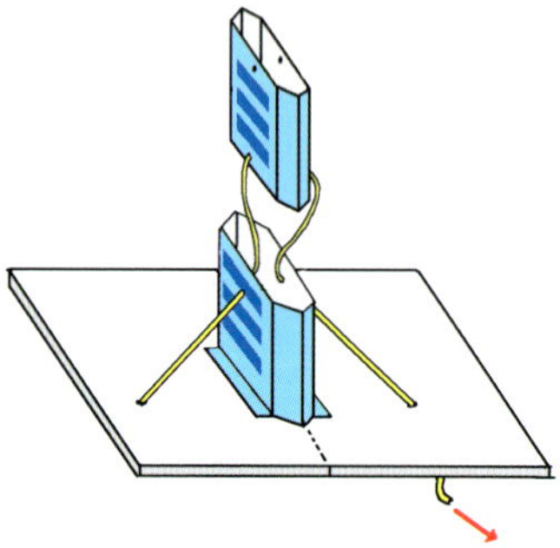

大の箱を台紙に貼り、台に穴をあけて糸を中の箱まで通し、ピンと張った状態で裏で留める。

3

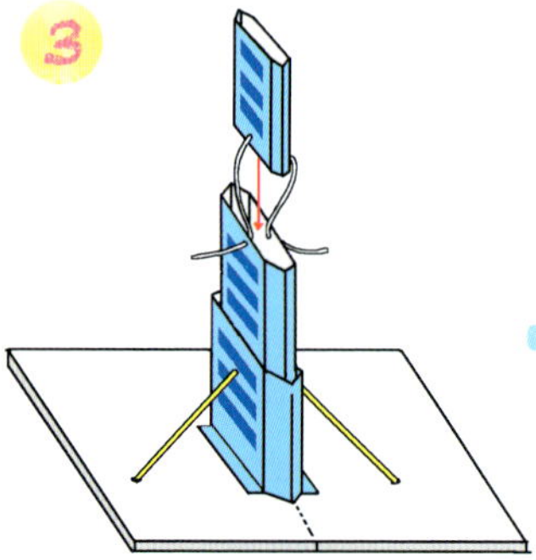

小の箱に糸を通し、ピンと張った状態で大の箱に留める。

4

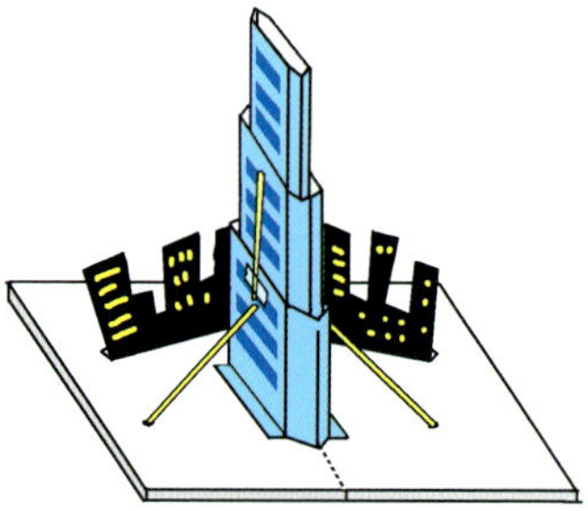

台紙に町を貼る。

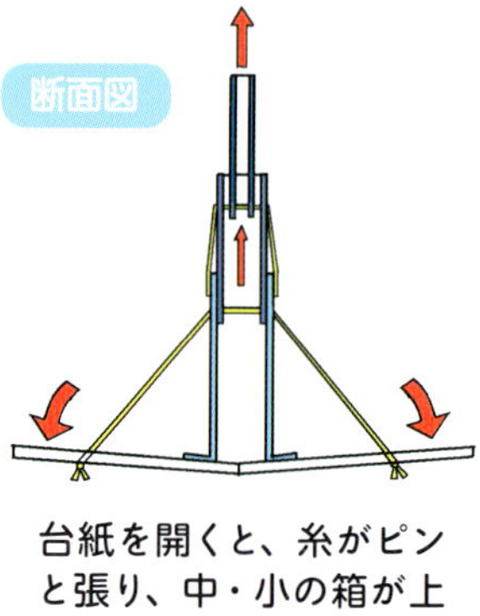

台紙を開くと、糸がピンと張り、中・小の箱が上へあがる。閉じると糸が緩み、下にさがる。

作り方

斜めに貼る箱型カード

1

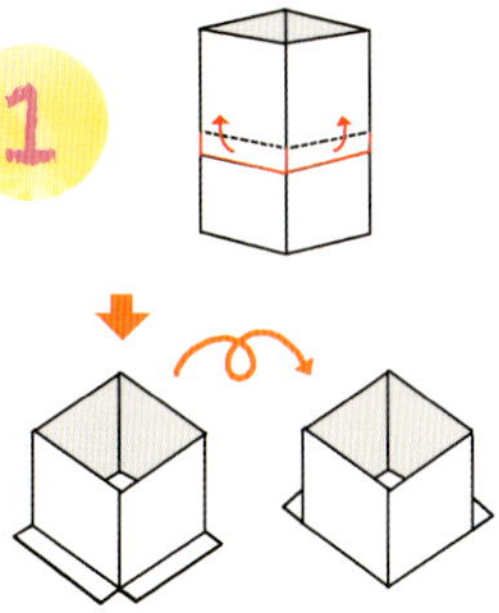

切り口が正方形の箱を、図のように切り、組み立てる。2辺のみ、のりしろ部分をつける。

2

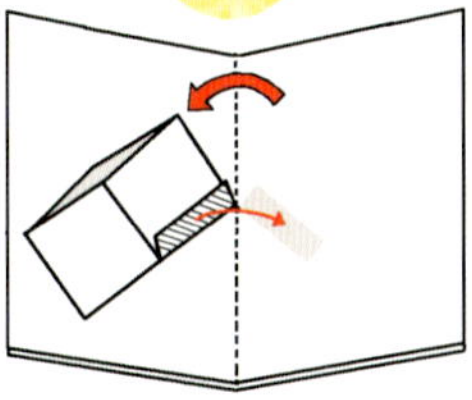

箱をたたんで、1辺ののりしろを台紙の片側に貼る。もう1辺にものりをつけ、台紙を閉じて貼る。

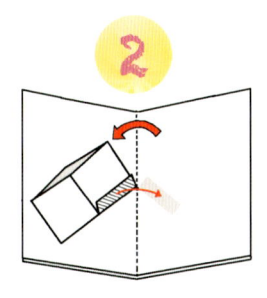

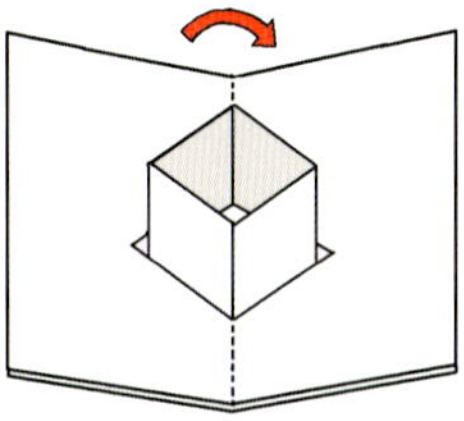

開くと、箱が立ち上がる。

ももたろうカード

1

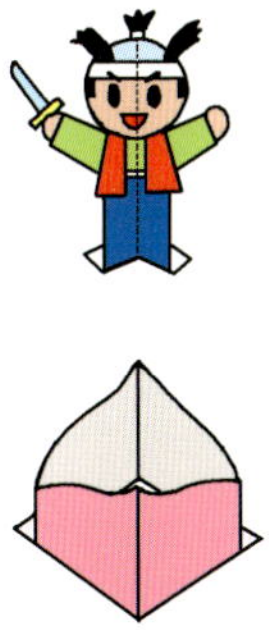

切り口が正方形の箱をピンクに塗り、図のようにももの形に切る。ももたろうを作る。

2

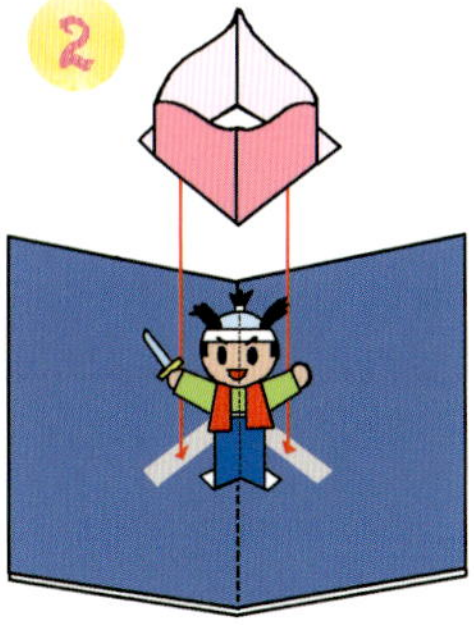

ももたろうを台紙に貼り、ももを貼る。

3

背景を描き、飾る。

4

できあがり。

絵柄でアレンジ

おもちゃ箱のおめでとうカード

箱の中からピエロが登場。おもちゃをたくさん描いてにぎやかに！

いろいろ組み合わせたポップアップ
1

楽しいゆうえんち

箱型カードで作ったお城に観覧車、
メリーゴーランドなどを
飾ったにぎやかなポップアップ！

36～39ページの
箱が現れるカードを
アレンジして
かわいいお城に

作り方

楽しいゆうえんち

タワーを作る

1

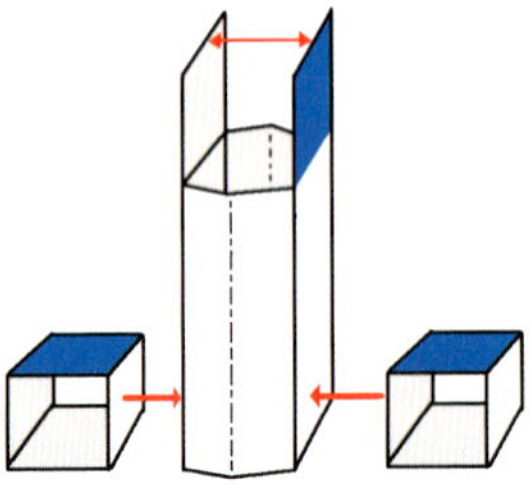

2

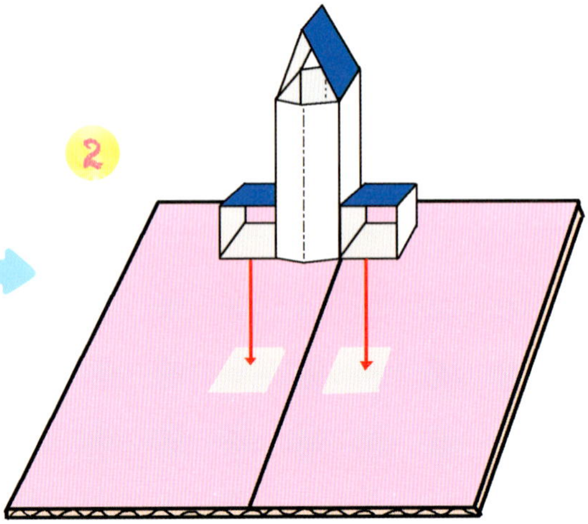

40ページの「森の中のおうち」をアレンジしてタワーを作り、台紙に貼る。

ゆうえんちのパーツを作って貼る

3

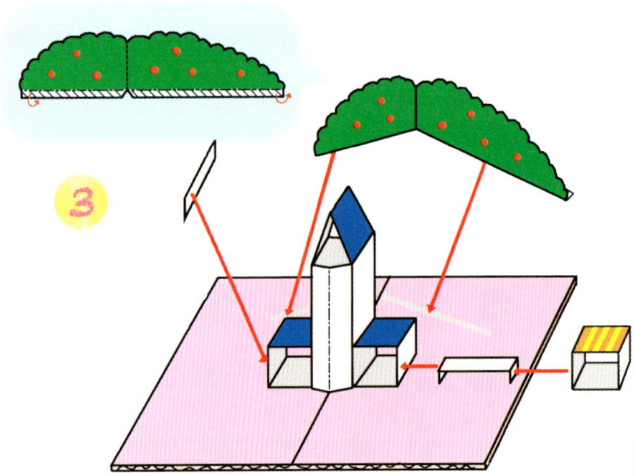

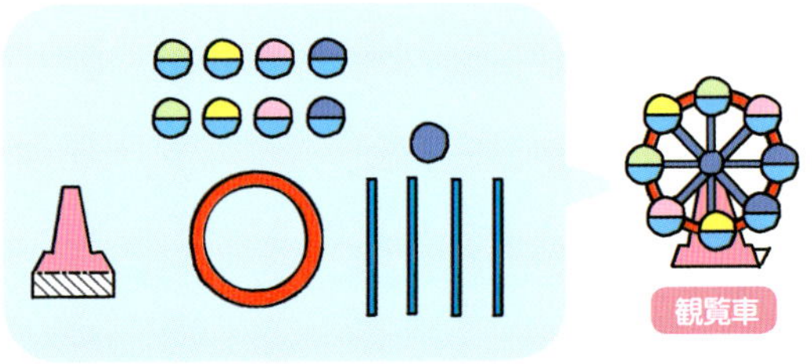

台紙に、植物や建物を作って貼る。飾りのリボン、観覧車、メリーゴーランドのパーツを作る。

飾りを貼りつけてにぎやかに

4

リボンは開いて、
先端は建物に貼る。

糸に三角の旗をつけ、一方はタワーに一方は黄色の建物に貼る。

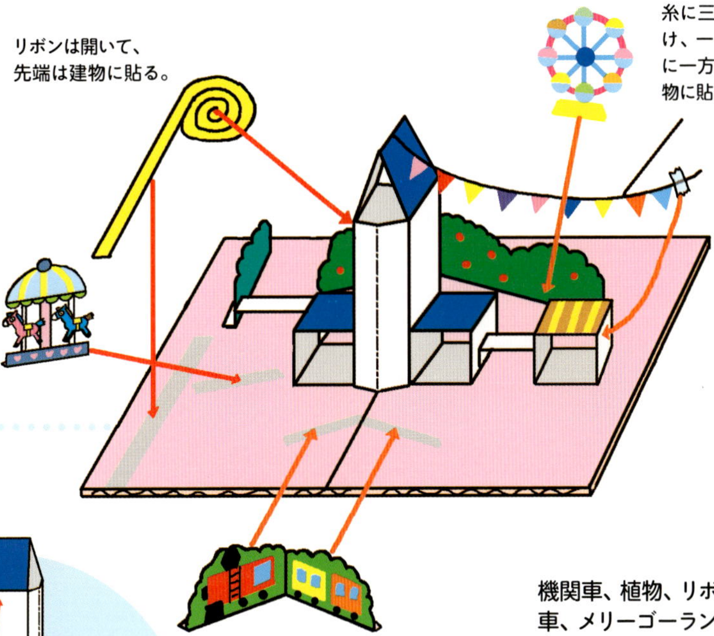

機関車、植物、リボン、観覧車、メリーゴーランドを台紙に貼る。池や線路を描く。

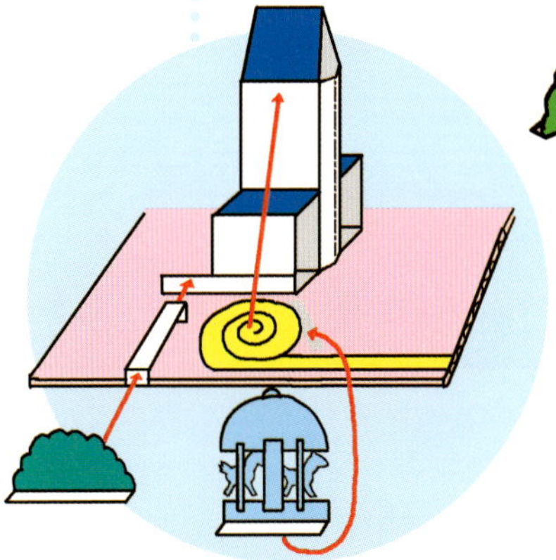

横から見ると…

いろいろ
組み合わせた
ポップアップ
2

おばけの海ぞく船

箱が現れるカードを
牛乳パックを使って大きな海ぞく船に！
船長や仲間のおばけたちは自由に飾って。

38ページの
車でドライブカードを
アレンジした
大型ポップアップ

作り方

おばけの海ぞく船

大きな船を作る

1

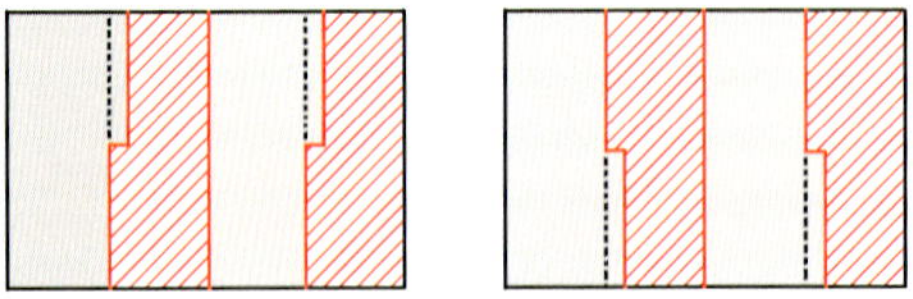

牛乳パックを図のように
切る。

2

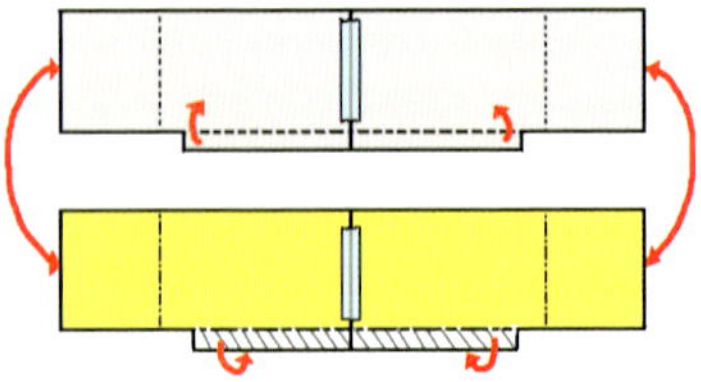

①を貼り合わせる。
のりしろは折り込む。

3

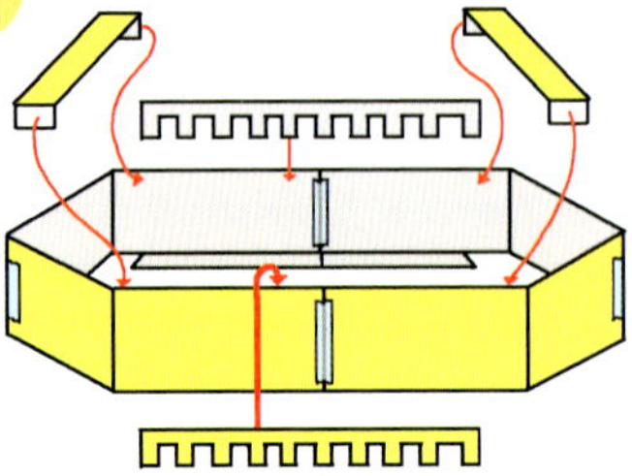

船の手すり、甲板の
パーツを作り、貼る。

4

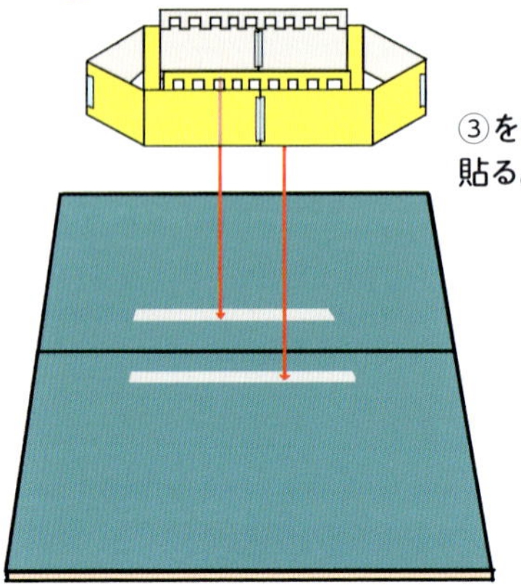

③を台紙に
貼る。

5

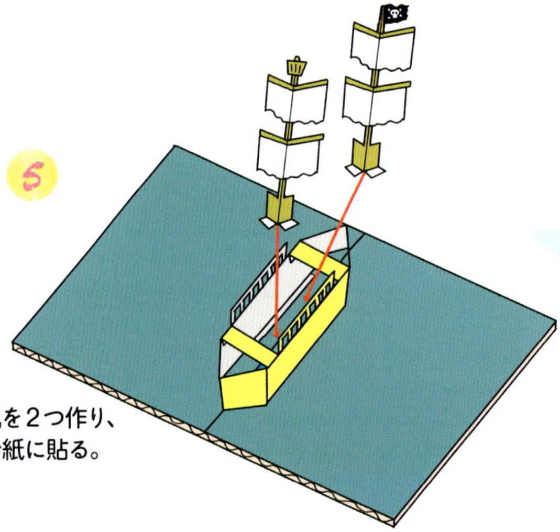

帆を２つ作り、
台紙に貼る。

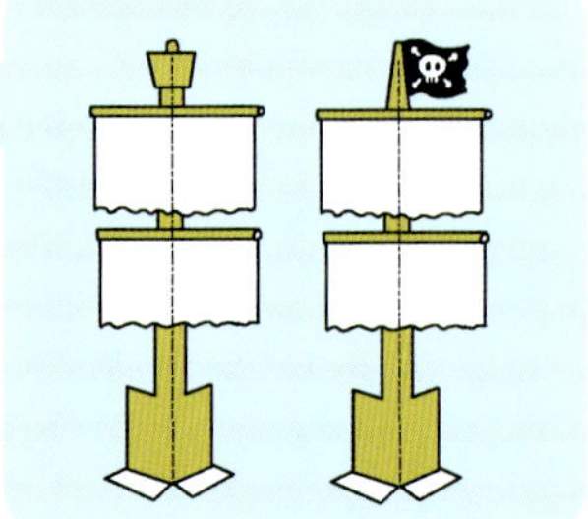

波と島を貼ってつなげる

6 波を6つと島を作り、図のようにつなげて貼る。

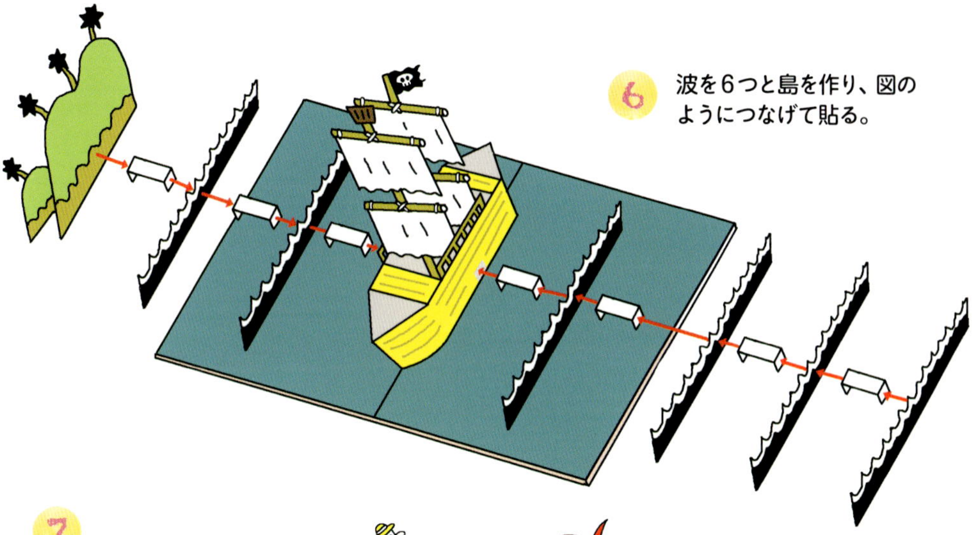

7

おばけの海ぞくたちや、海の生き物などを作り、にぎやかに飾る。

できあがり

いろいろ組み合わせたポップアップ 3

とび出せ！きょうりゅう

ガオー!!

迫力あるきょうりゅうの世界をポップアップで。
斜めに貼る箱型カードの作り方を基本に
大小のきょうりゅうにチャレンジして。

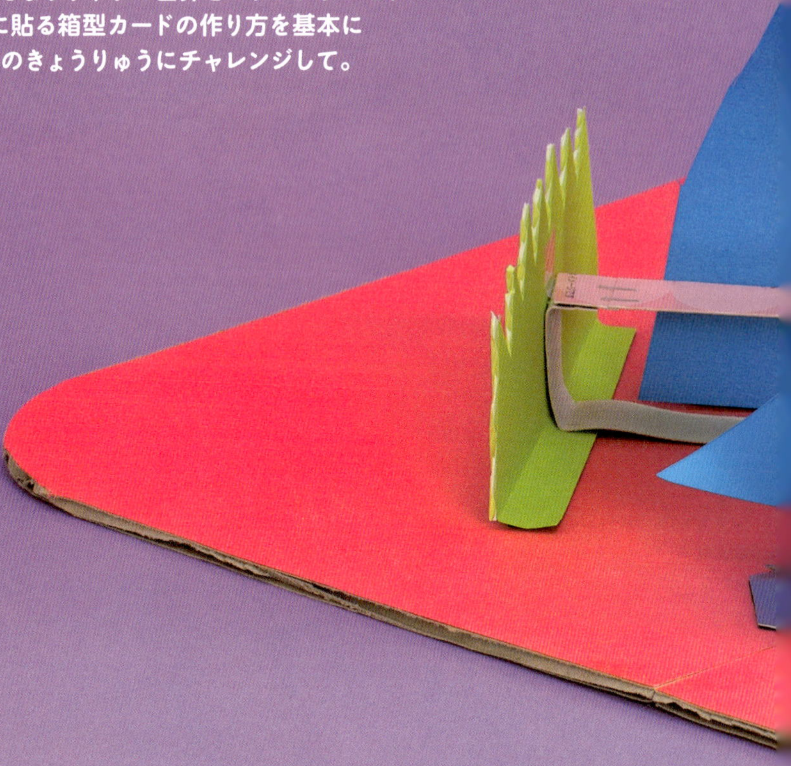

43ページのももたろう
カードをアレンジして
迫力あるきょうりゅうに！
TWININGS
OF LONDON
FRUIT&HERBTEA
LEMON

作り方

とび出せ！きょうりゅう

きょうりゅうを作る

1

切り口が正方形の箱からきょうりゅうのパーツを切り取る。

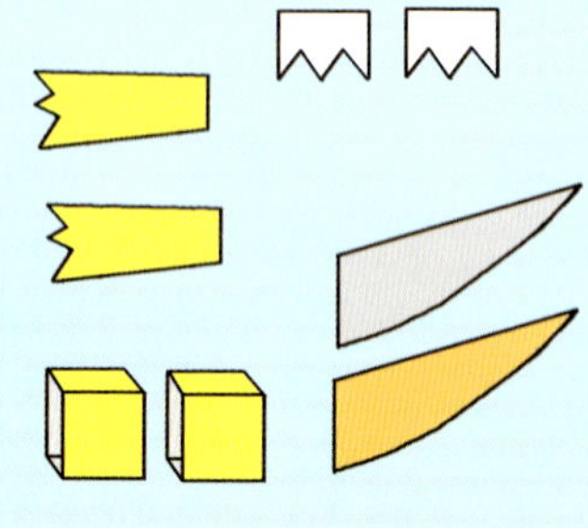

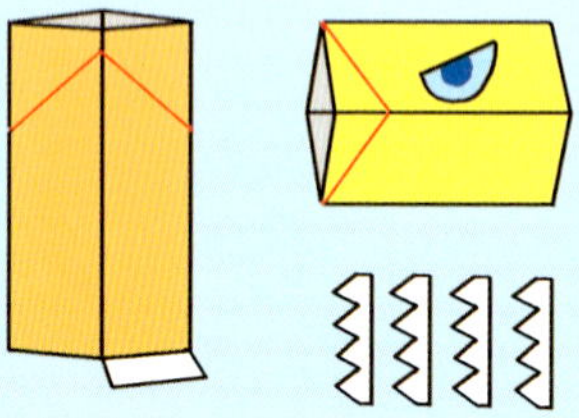

2

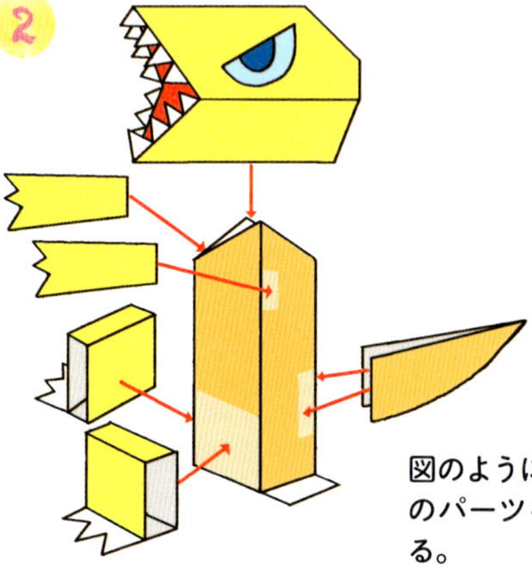

図のようにきょうりゅうのパーツを貼り合わせる。

3

台紙に、きょうりゅうを片側に倒してのりしろを貼り、もう片側にものりをつけて台紙を閉じる。

4

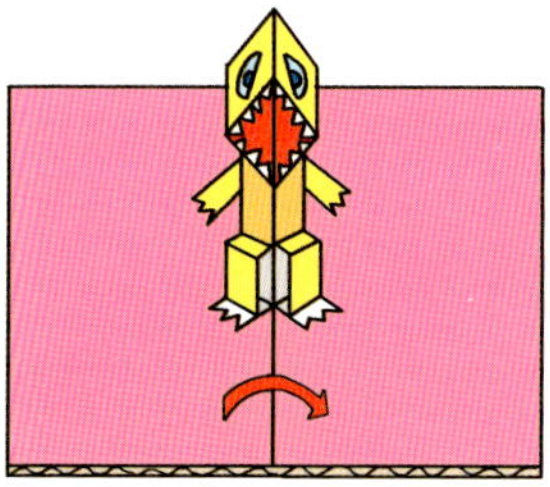

台紙を広げてきょうりゅうを立たせる。

細かいパーツを貼ってジャングルを作る

5

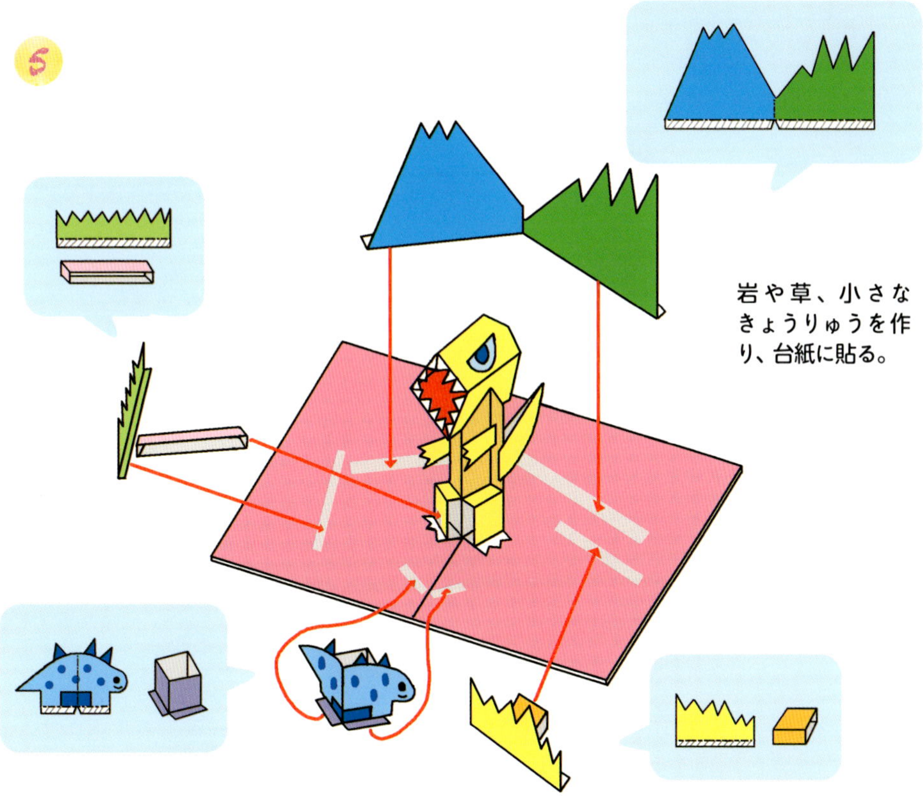

岩や草、小さなきょうりゅうを作り、台紙に貼る。

みんなで作る
ポップアップ
1

パーティーへ
ようこそ!

パーティー会場や動物たちをみんなで共同製作すれば、一人ひとりの個性が集まったポップアップが完成!!

30ページの
重ね貼りでこんなに
大きなカードを
作っちゃった！

作り方

パーティーへようこそ！

土台を作る

動物と食べ物で パーティー会場を作ろう

1

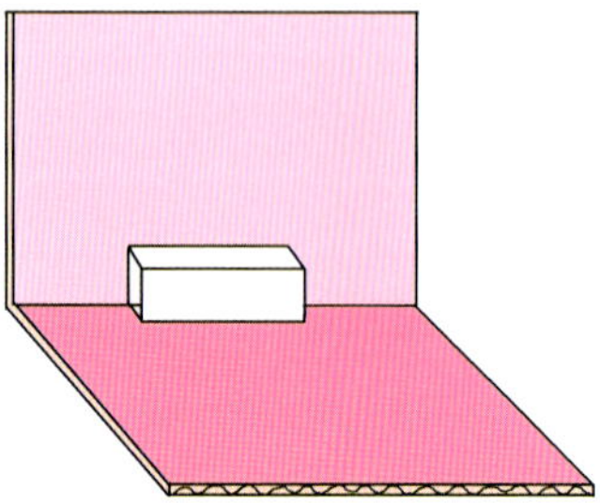

台紙に箱を貼る。

2

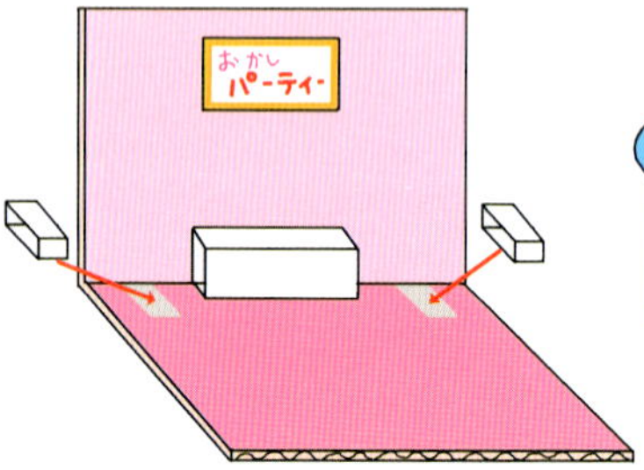

3

小さな箱に柱をつけたり、動物を貼ったりする。

4

ケーキをつけたテーブルを
貼ったり、果物を飾ったりする。

できあがり

みんなで
作って遊ぼう！

みんなで好きな
ものを持ち寄って
楽しいパーティー
会場を作ろう

動物たちのジャングル

「パーティーへようこそ！」の作り方で、「動物たちのジャングル」を作ってみよう。さるやぞうたちがジャングルで楽しそうに遊んでいるよ。

みんなで作って遊ぼう！

好きな動物や空想上の生き物でにぎやかなジャングルに！

絵柄でアレンジ

絵柄のアレンジで、いろいろな大型ポップアップワールドを、作って遊ぼう！

みんなで作る
ポップアップ
2

すてきなおうち

30ページの重ね貼りで作る
立体カードをアレンジ。
住んでみたい家や生き物の世界など、
思い思いのおうちをカードに。

自分だけの
おうちが
作れる！

みんなで作る
ポップアップ
3

とび出す！
壁面

自分の好きなものや
興味のあるものを思い思いに作り、
壁に貼ればすてきな壁面飾りに!!

32ページの、
ハの字に貼る
とび出しカードの
アレンジで、
たくさん作って

作り方

すてきなおうち

土台を作る

1

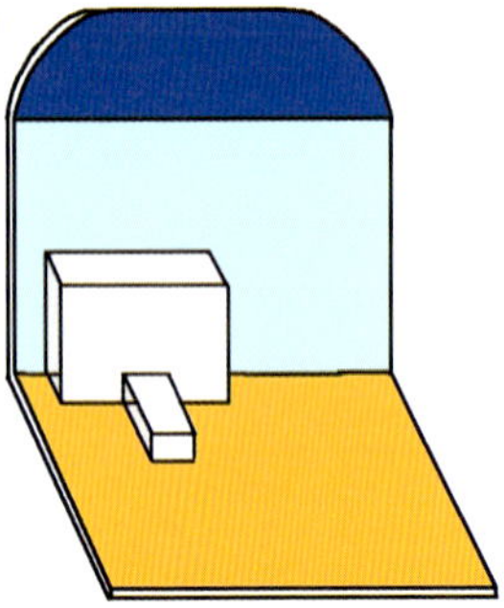

輪切りにした箱を台紙に貼り、同様の
小さな箱を手前に貼る。

閉じて絵を描く

2

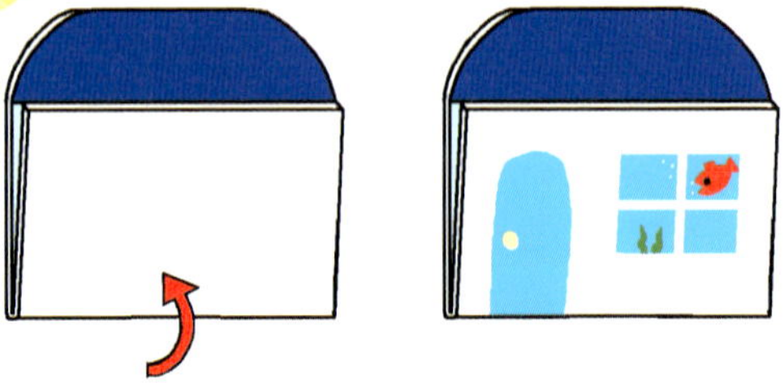

台紙を閉じて、窓や扉を描く。

飾りをつける

3

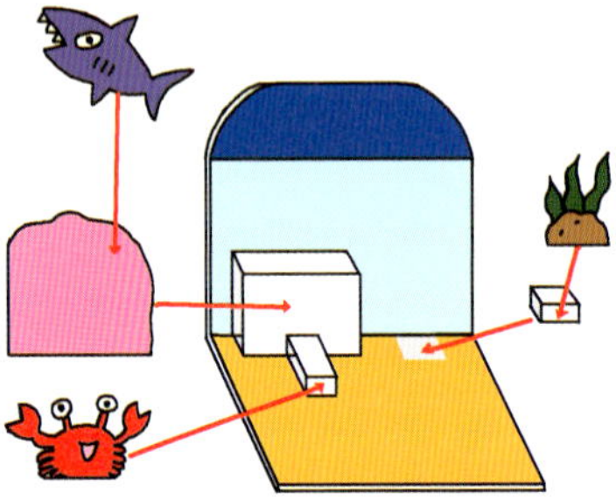

テーマに合ったモチーフを
いろいろ飾ってにぎやかに。

できあがり

絵柄でアレンジ

いろいろな絵柄の
アレンジで、夢の
おうちを作って遊
ぼう！

作り方

とび出す！壁面

土台を作る

1

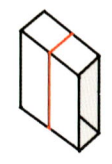

箱の側面を切り、
図のように切って開く。

2

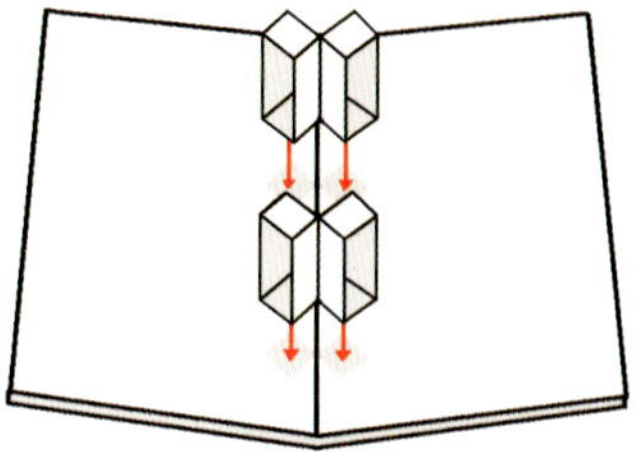

これを2つ作って台紙に貼る。

かめを作る

3

親子のかめを
作って貼る。

できあがり

花や草を描く。

絵柄でアレンジ

箱の数や高さを
変えて、いろい
ろな絵柄のとび
出すカードで壁
面を飾ろう！

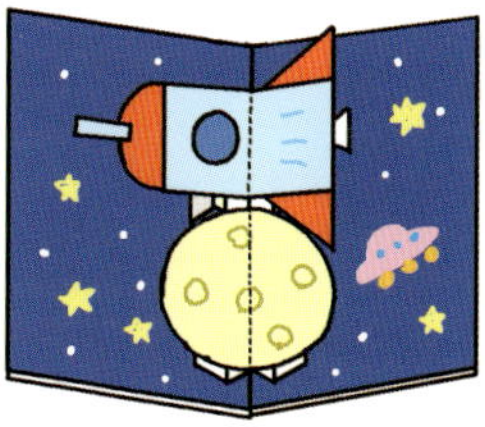

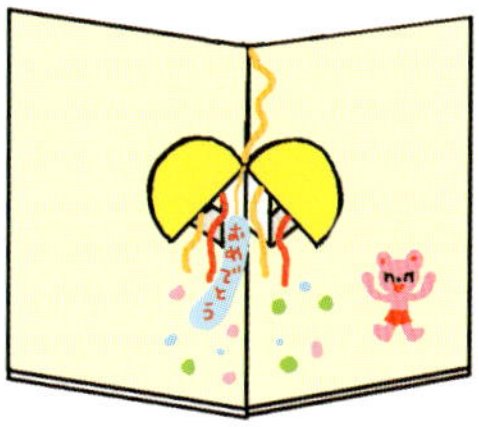

大型
ポップアップ
絵本
1

探検！宝島

これまでのいろいろなポップアップを
アレンジして、大きな絵本を作ります。
少年たちが宝を探しに出かけるストーリーを、
４つの場面で楽しんで。

宝島を探検だ！
力を合わせて
宝をゲット！

探検！宝島のセット

セット
1

３人の少年が船に乗って
宝島に出かけたよ。
「あ、宝島が見えてきた！」
「ようし、上陸するぞ」

セット
2

宝島に到着。
「吊り橋がある。渡ろう」
「わにに食べられないように、
気をつけて！」

セット
3

洞くつが見えてきたよ。
「ここに宝物が
あるんだよ、きっと」
「よし、中に
入ってみよう」

セット
4

洞くつの中に
あったものは、
金貨や宝石！
「やった〜！
とうとう見つけたぞ！」

おしまい。

作り方　探検！宝島

絵本の土台を作る

1

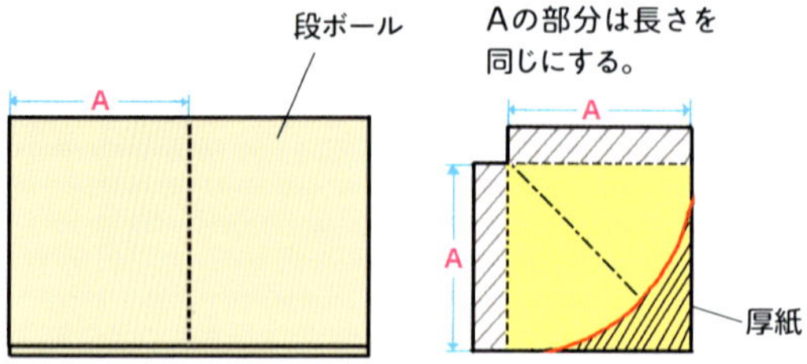

壁になる台紙と床になる台紙を、図のように切り、折り目をつける。

2

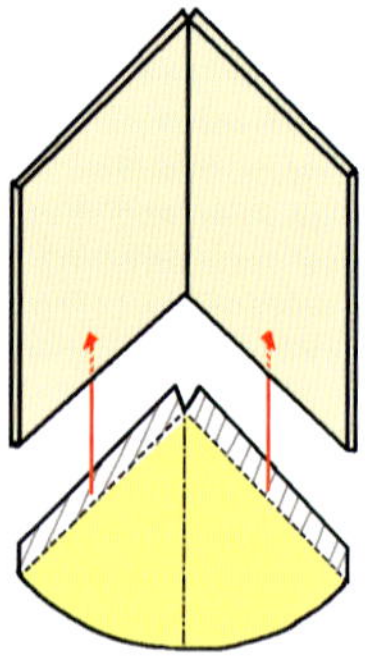

壁になる台紙と床になる台紙を貼る。これを4つ作る。

3

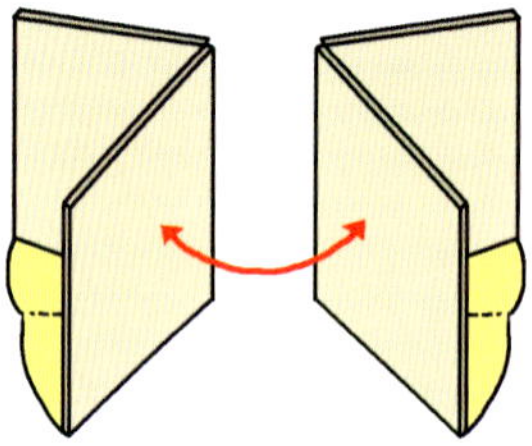

それぞれの台紙の外側を貼り合わせる。

4

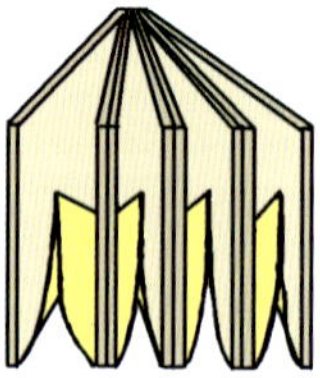

台紙4つを貼り合わせてできあがり。

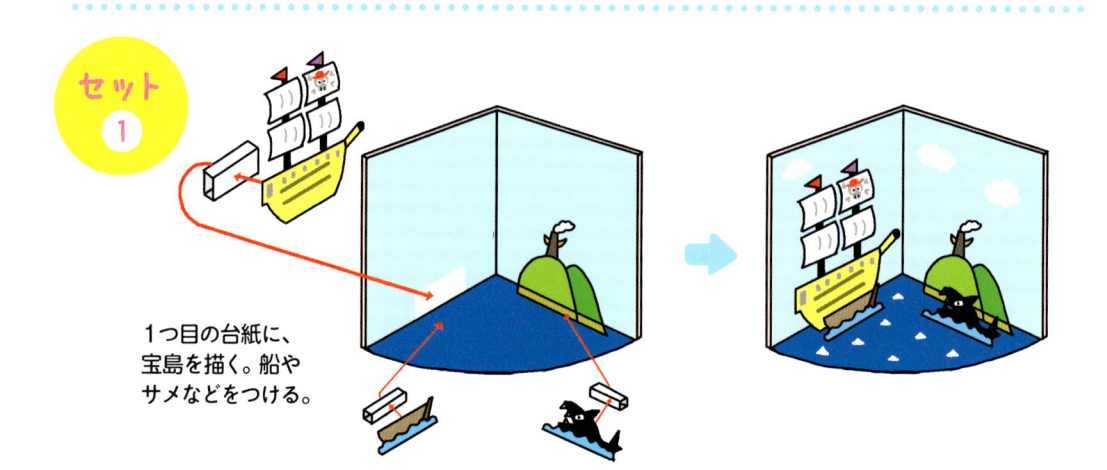

セット 1

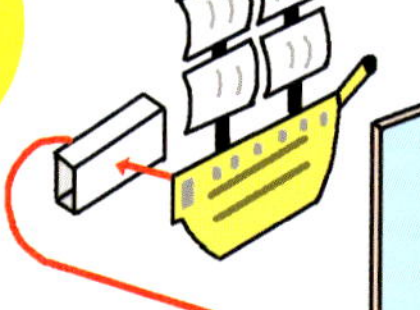

1つ目の台紙に、宝島を描く。船やサメなどをつける。

セット 2

＊橋の作り方は22ページ「パタパタかもめカード」を参照。

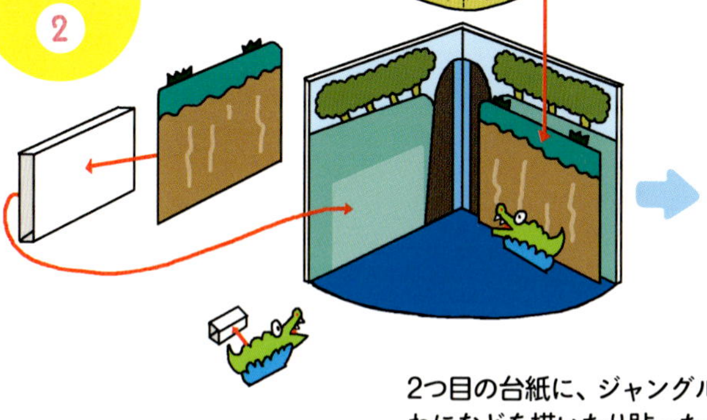

2つ目の台紙に、ジャングルや断崖、滝、川、わになどを描いたり貼ったりする。橋をかける。

セット 3

3つ目の台紙に、岩や火山、木などを描いたり貼ったりする。洞くつの入り口と階段をつける。

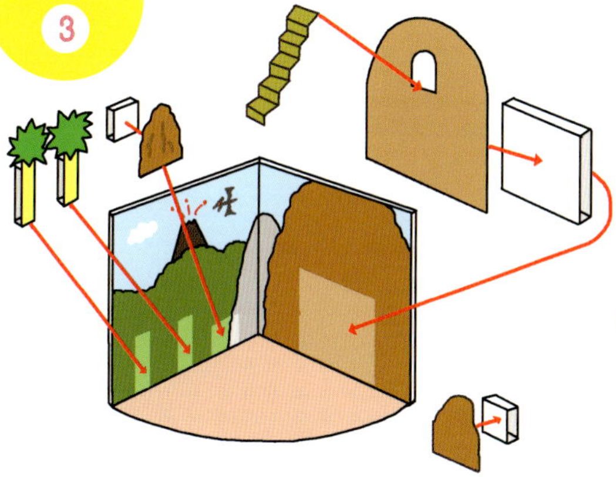

セット 4

3人の少年はつなげて作る。各場面に登場させて遊ぼう！

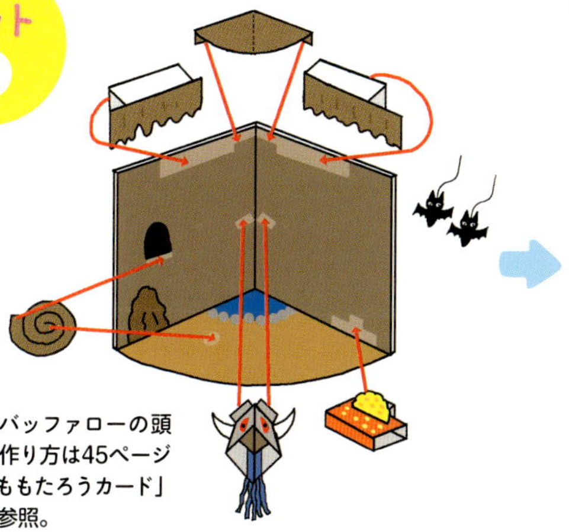

＊バッファローの頭の作り方は45ページ「ももたろうカード」を参照。

4つ目の台紙に、岩肌や道、財宝、バッファローの頭、こうもり、滝などをつける。

大型
ポップアップ
絵本
2

シンデレラ

女の子に大人気のお話、シンデレラを
ポップアップの絵本に。4つの場面を
それぞれ違ったかわいいセットで展開。

ストーリーに沿った
楽しい場面が
次々に現れて
ドキドキわくわく！

12時だわ
帰らなくちゃ

シンデレラのセット

セット 1

あるところにシンデレラ
という女の子がいました。
いじわるな継母と
お姉さんたちと
暮らしていました。
「シンデレラ、
食事はまだかい？」

セット 2

ある日、魔法使いが
シンデレラに魔法を
かけてお姫様の姿に。
かぼちゃの馬車も現れました。
「これに乗って舞踏会に
行っておいで。
12時には帰るんだよ」

セット
3

王子様との楽しいひととき。
その時、12時の鐘が
鳴りました。
「大変、帰らなくちゃ！」
シンデレラはガラスの靴を
片方落として行きました。

セット
4

お城から使いが
やってきました。
シンデレラが
ガラスの靴を履いてみると、
ぴったりでした。
継母とお姉さんたちは、
びっくり。シンデレラは
王子様と結婚しました。

作り方 シンデレラ

絵本の土台を作る

1

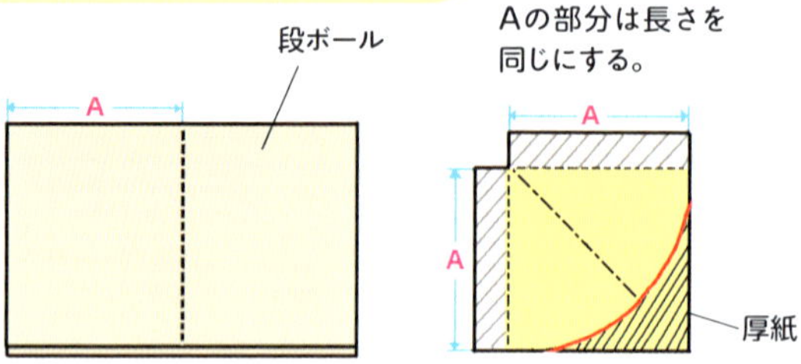

壁になる台紙と床になる台紙を、図のように切り、
折り目をつける。

2

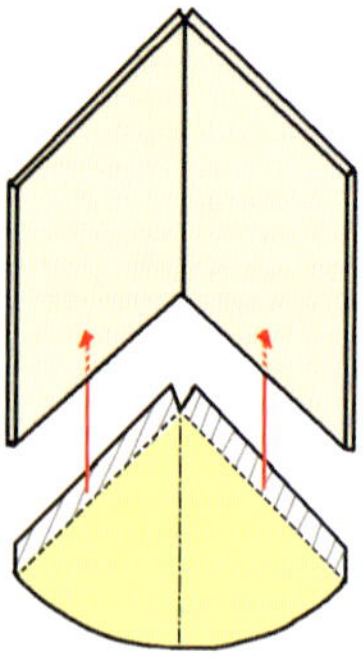

壁になる台紙と床になる台紙を貼る。
これを4つ作る。

3

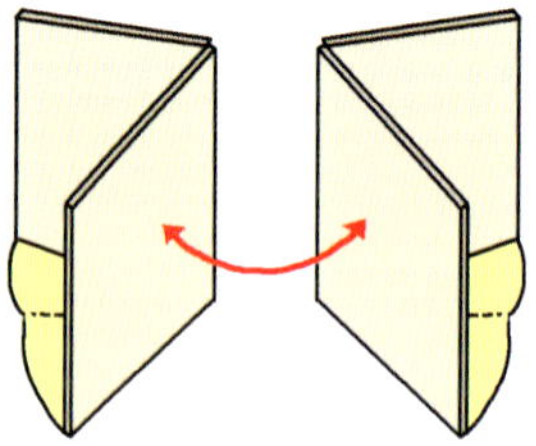

それぞれの台紙の外側を貼り合わせる。

4

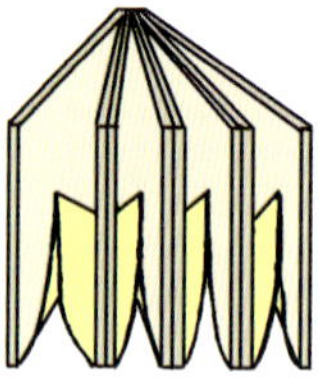

台紙4つを貼り合わせてできあがり。

セット 1

普段着のシンデレラとドレスを着たシンデレラを作り、後ろに輪を貼って、立つようにしておく。

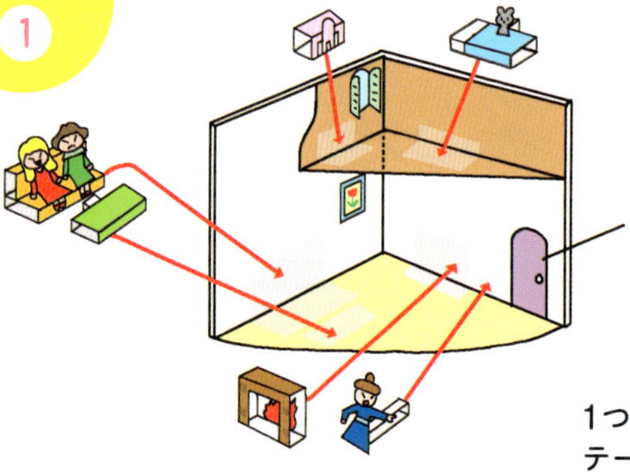

扉は開閉して通り抜けできるように切る。

1つ目の台紙に、暖炉やテーブルやいす、人形などをつける。屋根裏も作る。

セット 2

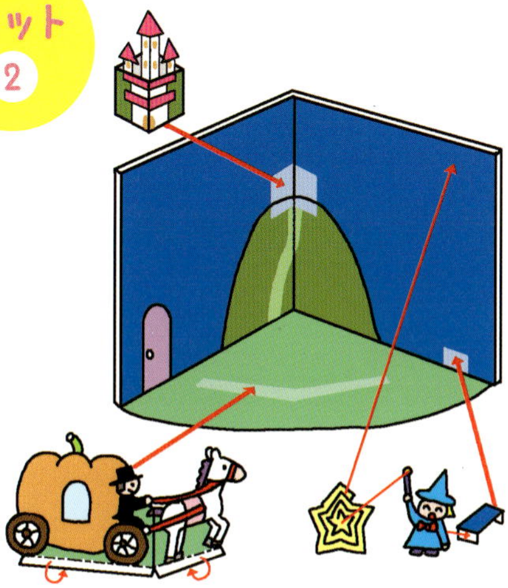

2つ目の台紙に、お城や魔法使い、かぼちゃの馬車などをつける。

セット 3

3つ目の台紙に、階段や柱、2階部分を作り、時計を飾る。王子様やガラスの靴をつける。

セット 4

箱の角を折り込み、ハートをつける。

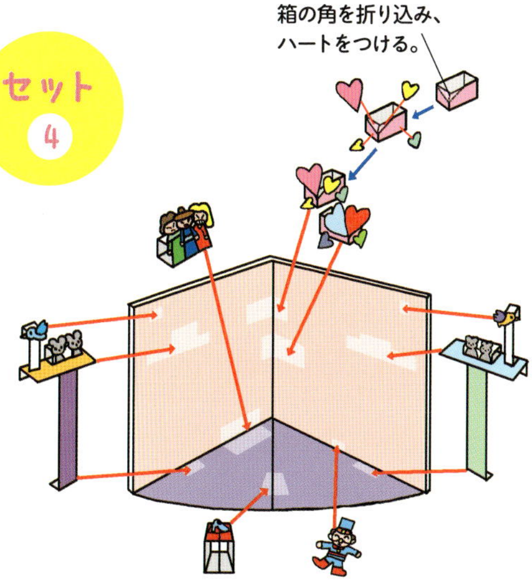

4つ目の台紙に、柱や人形、動物たち、ハートの飾りをつける。真ん中にガラスの靴を置き、城の使いをつける。

毛糸を使って飾りをつける。

きむらゆういち

東京都生まれ。多摩美術大学卒業。造形教育の指導、テレビ幼児番組のアイデアブレーンなどを経て、絵本・童話作家に。
「あらしのよるに」（講談社）で講談社出版文化賞絵本賞、産経児童出版文化賞、JR賞、「オオカミのおうさま」（偕成社）で日本絵本賞受賞。絵本・童話創作に加え、戯曲やコミックの原作、小説など広く活躍中。著書は600冊を超え、数々のロングセラーは国内外の子どもたちに読み継がれている。

みやもとえつよし

大阪府生まれ。グラフィックデザイナーを経てイラストレーターおよび絵本作家となる。講談社創作キャラクター賞、サンケイ新聞広告賞など受賞。現在、児童書・絵本などを手掛けるほか、絵本講座の講師および工作のワークショップを行う。主な作品に「キャベたまたんてい」シリーズ（金の星社）、「はじめてのずかん」シリーズ（文溪堂）、「おばけずかん」シリーズ（講談社）、『レンタルおばけのレストラン』（教育画劇）など多数。

かんたん！ とびだす！

わくわくポップアップ

アイデア・構成／きむらゆういち
製作物デザイン・製作／みやもとえつよし
本文イラスト／みやもとえつよし
製作協力／天野希望　大塚健太　おおつかにこ　奥本真弓　金井真紀
坂田和快奈　にわかずえ　藤原ふさ子　吉澤彰洋
撮影／安田仁志
モデル／狩野海音　やまと（有限会社クレヨン）
表紙・本文デザイン／西藤久美子（PAGUO DESIGN）
本文 DTP ／有限会社 ZEST（長谷川慎一）
本文校正／有限会社くすのき舎
編集協力／株式会社スリーシーズン
編集／石山哲郎　西岡育子　平山滋子

2014年11月　初版第1刷発行

著者／きむらゆういち、みやもとえつよし
発行人／浅香俊二
発行所／株式会社チャイルド本社
〒112-8512　東京都文京区小石川5-24-21
電話／03-3813-2141（営業）
03-3813-9445（編集）
振替／00100-4-38410
印刷・製本／共同印刷株式会社

ISBN ／978-4-8054-0231-3
NDC376　24×19cm　80P

チャイルド本社ホームページアドレス
http://www.childbook.co.jp/
チャイルドブックや保育図書の情報が盛りだくさん。どうぞご利用ください。